교육산문집

밉고 미운 집, 은여울

교육산문집

밉고 미운 집, 은여울

김현아 김기형 김진경

- 은여울중학교(2017년 개교)
- 은여울고등학교(2021년 개교)

은여울 성장공동체 철학

나는 주위로부터 그리고 나로부터 안정된 환경 속에서
성장할 수 있도록 여기에 왔습니다.
나는 나를 사랑하고 다른 사람을 사랑할 수 있어야 합니다.
나는 다른 사람들 앞에서 나를 똑바로 볼 수 있어야 합니다.
나는 배움의 씨앗을 심고 키워갈 때 더 행복해질 수 있습니다.
내가 여기에서 배움의 마음을 열지 않는다면
다른 곳 어디에서도 할 수 없습니다.
우리가 이곳에서 함께 나눌 때
나는 있는 그대로 참된 내 모습을 똑바로 볼 수 있습니다.
나는 이곳에서 뿌리를 내리고 성장할 수 있습니다.
그러기에 이제 나는 더 이상 혼자가 아니며
내 자신과 다른 사람들에게 더 좋은 사람이 될 것입니다.

_ 여는 글

은여울중·고등학교는 충북에 있는 공립형 대안학교이다. 중학교는 40명 정원으로 2017년에(현재 4학급), 고등학교는 2021년에 연차적으로 한 학년씩 개교했다. 각종학교인 은여울중·고등학교는 법적으로 국어와 사회(역사)과목 이외에 다른 과정은 학생들이 자신만의 꿈과 끼를 발견하고 마음껏 펼칠 수 있는 대안교육과정으로 운영된다.

입학 후 학생들은 1:1 상담시스템을 통한 내면 치유, 자신을 이해하고 성찰하며 타인과 소통할 수 있는 다양한 대안교육과정을 통하여 자존감을 회복하고 주도적으로 자신의 삶을 고민하게 된다. 작은 공동체 안에서 서로 존중하며 삶을 기꺼이 나누고 교사와 학생, 그리고 학부모가 함께 성장해 나간다. 아마 일반 학교에 있었으면 문제아로 찍혔거나 부적응아, 학교 전체의 안전을 곤란하게 하는 위협적인 존재로 여겨졌을 것이다. 그러나 은여울 안에서는 누구도 소외되지 않고 존재로 충분함을 인정받으며 행복할 권리를 찾아간다.

은여울은 살아있다. 감동, 뿌듯함, 기쁨, 행복, 좌절감, 절망감 등이 매일 파도친다. 언제부턴가 우리 안에 살아있는 감정들을 세상과 함께 나누고 싶다는 작은 희망을 품었다. 틈틈이 생각날 때마다 일기처럼 끄적거렸다. 그 글들은 감당하기 힘든 것들을 견디게 해주었고 '뭐가 되긴 되는 거야?'라는 의심이 들 때 초심을 돌아보게 했다. 더딘 것은 과정일 뿐이라는 생각을 갖게 했으며 요동치는 마음을 성찰할 수 있는 힘을 주었다. 그러나 막상 세상과 나누고 싶다는 마음으로 쓴 글들을 정리하며 부끄러움이 올라왔다. 출판까지는 큰 용기가 필요했다. 소소한 날것의 경험들이 과연 의미가 있을까? 그래도 몇 가지 거창한 나만의 이유를 만들어 용기에 힘을 보탠다.

자신이 하는 일에 진심을 다하며 열정을 쏟고 있는 모든 사람들에게 작은 위로가 되었으면 좋겠다. 어렵고 힘든 과정을 이겨내고 있는 학생들에게 격려가 되고 힘이 되었으면 좋겠다. 격정의 시간을 겪고 있는 학생들을 묵묵히 견디며 곁을 지키는 보호자들에게 보내는 지지의 말이었으면 좋겠다. 실망과 좌절을 반복하고 끝날 것 같지 않은 어두운 터널을 지나는 누군가에게 희망의 빛이 되었으면 좋겠다. 마지막으로 몸과 마음으로 날마다 헌신을 다하는 은여울 선생님들께 존경과 감사의 마음을 드린다.

2022년 12월

은여울 교정에서

차 례

김현아

김기형

김진경

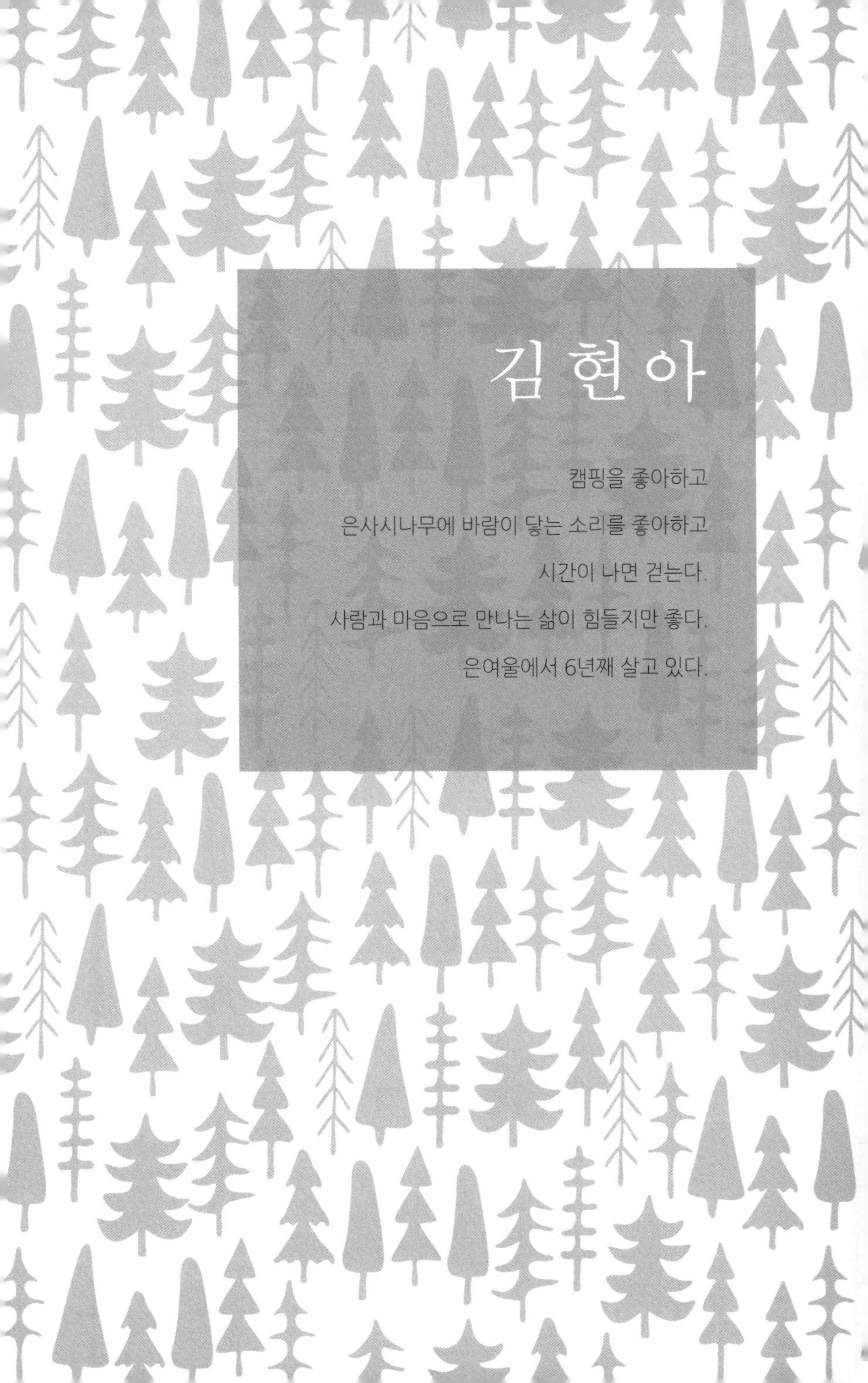

김 현 아

캠핑을 좋아하고

은사시나무에 바람이 닿는 소리를 좋아하고

시간이 나면 걷는다.

사람과 마음으로 만나는 삶이 힘들지만 좋다.

은여울에서 6년째 살고 있다.

대안학교에서 보건교사로 살기

"그때 선생님은 유일한 제 편이셨어요."
미용실에 갔다가 미용사가 된 졸업생을
우연히 만났다.

"선생님 여기 안 오실래요?"

2016년 10월 어느 날, 몰려드는 학생들에게 바쁘게 응급처치를 하고 있는 보건실로 전화가 왔다. 대학원에서 상담을 공부하며 알게 된 선생님 목소리다.

"김현아 선생님, 저 000입니다. 잘 지내시지요?"

위기 학생을 대상으로 운영되던 위탁 교육기관이 공립 대안중학교로 개교 예정인데 보건교사가 필요하니 함께하자는 제안이었다. 그 무렵 나는 초등학교 보건교사로 26년째 재직 중이었다.

학교 보건실은 신속한 응급처치, 다양한 신체 증상에 대한 보건 의료적 처치와 학생들의 건강관리 습관을 형성하는 곳이다. 그러나 실제 학교 현장에서는 적응이 어려운 학생들 또는 마음의 상처를 입은 학생들이 쉬어 갈 수 있는 곳이기도 하다.

학교에만 오면 엎드려 자는 학생이 있었다. 자는 것 외에는 아무것도 하지 않았으며 다른 학생들과도 잘 어울리지 못했다. 조그만 일에도 예민하게 반응을 했으며 짜증을 내거나 폭력적으로 대응하는 학생이었다. 어느 날 학생이 보건실로 찾아왔다. 쭈뼛거리며 내민 등에는 신체학대의 흔적이 확연했다. 신체학대뿐만 아니라 새벽까지 잠을 안 재우고 쓰레기를 버리게 하는 등 아버지의 폭력에 시달리고 있었다. 학생이 학교에서 보였던 부적응의 여러 행동들은 결국 가정폭력으로부터 온 것임을 알게 되었다. 그 후 학교와 지역사회가 협력하여 도움을 주었고 학생은 무사히 졸업할 수 있었다. 기능적인 이상이 없음에도 학생들은 학교나 가정에서 겪는 정서적 또는 환경적인 어려움으로 신체적 증상을 호소하거나 이유 없이 보건실 주변을 서성거리기도 했다. 이런 학생들 대부분은 교실에서도 환영받지 못했다. 담임선생님이 마음에 상처를 입고 힘겨워하는 학생을 집중하여 세심하게 돌보기에는 여러 가지 어려움이 있다. 학급 당 많은 학생 수, 수업뿐만 아니라 다른 업무까지 해야 하는 등 담임선생님이 오롯이 감당하는 것은 현실적으로 매우 어렵다. 여러 가지 이유로 학교적응이 어려운 학생들에게 보건실은 또 다른 쉼을 얻는 공간이 되기도 했다. 나는 보건교사로 근무하는 동안 그런 학생들의 이야기를 귀담아 들어주며 작은 도움이나마 되어보려고 애썼다. 실제로 학생들이 조금씩 안정을 찾아 변화되는 모습을 보는 것은 보건교사로서 큰 보람이었다.

"그때 선생님은 유일한 제 편이셨어요."

미용실에 갔다가 미용사가 된 졸업생을 우연히 만났다. 초등학교 시기를 회상하며 들려준 학생의 이야기는 보건교사로서 보람과 행복을 느끼기에 충분했다.

2016년 대안학교 보건교사를 제안 받을 당시 나는 학습연구년 1년을 마치고 40학급이 넘는 규모의 학교로 돌아온 상태였다. 전교생 1,000명이 넘는 학교 보건실은 크고 작은 이유로 늘 학생들로 넘쳤고 수십 개의 일회용 반창고 껍질을 벗기는 것이 나의 일상이었다. 몰려드는 학생들 때문에 식사 후 양치할 시간이 없을 때도 종종 있었다. 학생들과 눈을 맞추고 생각을 나누는 보건 수업은 거의 불가능했다. 몰아치는 응급처치와 보건·의료적인 처치만으로도 버거웠다. 정서적 어려움을 겪는 학생들은 사랑과 관심이 필요함에도 나는 점점 업무와 시간에 쫓겨 그들이 귀찮아지기도 했다.

단순하게 반복되며 바쁘기만 한 학교의 일상은 보람도 즐거움도 없었으며 지루하고 짜증이 나기까지 했다. '이건 내가 원하는 삶이 아닌데' 회의가 들었다. 의미 있고 보람된 일을 하며 살고 싶었다. 그러기 위해서는 뭔가 내 삶에 변화를 주어야 한다는 생각이 불쑥불쑥 일어나곤 했다.

"우리끼리 학교 하나 차릴까요?"

학교가 시장에서 좌판을 벌이는 일도 아닌데, 교직 생활을 하며 뜻이 통하고 마음이 맞는 동료 교사들을 만나면 학생들과 교사가 더불어 행복한 학교에서 근무하고 싶다는 꿈같은 이야기를 나누곤 했다.

'그 꿈이 현실이 될 수도 있다.'

전화를 받는 동안 스쳐 지나가는 생각이었다. 깊이 생각해보라는 말을 남긴 선생님의 음성과 함께 통화가 마무리 되었다. 가슴속에서 잔잔한 물결이 일었다.

'내가 꿈꾸던 학교를 함께 만들어 갈 수 있는 기회일까?'

학교상담 대학원을 마친 나는 지인의 소개로 9년간 00기관에서, 상담이 필요한 학대받은 학생들을 일과 후 주 2회씩 만나고 있었다. 대부분의 학생들은 위협적인 가정 환경에 놓여 있었다. 학교에서도 학업 부진과 학교 구성원과의 갈등 등의 이유로 문제아로 낙인 찍혀 있었다. 주변 어디에서도 따뜻한 돌봄과 배움을 받지 못하는 학생들이 안타깝게 느껴졌다. 그런 학생들에게 작은 도움이라도 되고 싶은 마음에 시작한 일이었다. 어려움을 겪는 학생들을 학교 밖에서 만나오다가, 대안학교 학생들에게 에너지를 집중할 수 있다면 보람 있고 의미 있는 일로 여겨졌다. 가슴이 두근거렸다.

“엄마가 무엇을 상상하든 학생들은 그 이상일 거예요.”

중학교 2학년 사춘기를 격하게 겪어 낸 대학생 아들은 우려 섞인 표정으로 말했다.

“엄마가 학생들한테 안 맞으면 다행일걸? 요즘 학생들 대단해. 상처 받을 거야.”

결국 엄마가 스트레스를 받아 힘들어 할 것이라며 가지 않았으면 좋겠단다. 하지만 그 시기 나의 삶엔 변화가 필요했다. 학교 밖에서 상담으로 만나는 학생들을 학교생활 속에서 돌보며 도움을 주는 것은 큰 의미가 있을 것으로 생각되었다. 내

겐 주변의 걱정이나 우려보다 기대감이 컸다. 나는 결심을 굳혔고 결국 중학교로 전직을 하게 되었다. 나의 선택을 두고 지금도 잘살고 있는데 왜 굳이 대안학교를 가서 고생하려고 하느냐는 주변 사람들의 이야기를 들으며 많은 의문들이 내 안에서도 일었다.

남은 나의 삶은 어떻게 살아야 할까? 사람이 행복하다는 것은 무엇일까? 어떤 삶을 살아갈 때 행복할까? 의미 있는 인생을 살고 있다는 것은 어떤 삶일까? 현재의 삶에 어떤 변화를 이루고 싶은 걸까?

대안학교는 나의 이런 의문들에 답이 될 수 있을 것만 같았다.

그렇게 나는 2017년 3월 충북 최초 공립 대안중학교 보건교사가 되었다.

은여울, 이곳에서 잘 지낼 수 있을까?

"저 학생은 왜 저렇게 화가 났을까요?"
"글쎄요. 이유가 있겠지요.
뭐 이래야 은여울답지 않겠어요."

2017년 3월 6일 충북 최초 공립 대안학교인 은여울중학교가 개교하는 날이었다. 40명의 학생들과 학부모들 그리고 축하와 격려를 위해 많은 사람들이 모였다. 한참 식이 진행 중인데 갑자기 한 학생이 자리를 박차고 일어섰다. 만난 지 두 시간도 안 지났는데 옆의 학생과 의견 충돌이 있었나보다. 벌떡 일어나 강당 문을 발로 차며 욕설을 한다. "아~ 씨발 이딴 학교 안 다녀." 학생을 진정시키기 위해 몇몇의 선생님이 따라 나갔다. 소란스러운 가운데서도 식은 계속 진행되었다.

개교식이 끝나고 강당을 나오는데 3학년 남학생이 욕을 하며 급식소로 향하고 있었다. 이전 위탁기관부터 있던 학생이어서 학생을 알고 있는 선생님께 여쭤보았다. “저 학생은 왜 저렇게 화가 났을까요?” “글쎄요. 이유가 있겠지요. 뭐 이래야 은여울답지 않겠어요.” 여유가 느껴지는 선생님 답변에 나도 살짝 긴장이 풀렸고 우린 서로를 바라보며 웃었다. 그때 급식소로 향하던 학생이 갑자기 내 앞으로 오더니 “뭘 쪼개요? 씨발 내가 그렇게 웃겨요?” 내 앞으로 다가와서 눈을 부릅뜨고 거침없이 욕을 하며 침을 뱉었다. “너 보고 웃은 거 아닌데….” 순간 나는 화가 나기보다 바짝 쪼그라들며 긴장했다. 학생의 눈치를 보며 변명을 하고 있었다. 한심스럽게 느껴졌다. 학생을 지도하기는커녕 잔뜩 겁을 먹고 얼어붙은 나 자신이 창피스러웠다. “아 씨발, 재수없어.” 학생은 옆의 선생님 만류에 급식소로 발길을 돌렸다.

무엇을 상상하든 그 이상일 것이라는 말이 이런 것일지도 모르겠다는 생각이 들었다. 순간 내가 여기서 잘 지낼 수 있을까 하는 걱정이 밀려왔다.

야 이 새끼야! 보건실이 뭐하는 곳인지도 몰라? 왜 여기 와서 울고불고 난리야? 여기가 너희 집 안방이냐? 안 꺼져? 너 지금 뭐라 그랬어?

4월 따스한 어느 봄날, 승진이는 수업은 들어갈 생각조차 없는 학생였다. 기숙사에서 충분히 자고 나왔음에도 아침부터 보건실 침대를 점령했다. 자신만이 이곳을 사용할 권리가 있기라도 한 듯 후배들이 들어오면 소리를 질러 쫓아냈다. 2학년 남학생 2명이 티격태격하며 보건실로 들어왔다. 침대에 누워있던 승진이가 욕을 퍼부었다. 그래도 분이 안 풀리는지 벌떡 일어났다. 갑자기 후배의 머리카락을 손으로 휘어잡고 고개를 획 젖히더니 양쪽 뺨 서너 대를 거침없이 때렸다. 짝짝짝 쨍하는 소리들이 순식간에 지나갔다. 말릴 사이도 없이. 이런 경우는 한 번도 생각조차 아니 상상해 본 적이 없다. 자신의 비위를 건드리면 욕이 먼저 앞서는 학생이니까 그러다 말겠지 생각했다. 단단히 휘어잡은 머리카락을 간신히 떼어 놓았다. 어이가 없었다. 교사 앞에서 저런 거침없는 행동을 하다니…. 초등학교에서 학생들이 싸우다가 주먹다짐이 오가기도 하고 코피가 나서 치료를 받으러 오기도 했다. 그러나 이번 일은 폭력적인 행동을 할 만한 상황이나 맥락이 아니었다. 개교 이후 학교 이곳저곳에서 막무가내로 벌어지는 폭력 상황은 몹시 당황스러웠다. 교사의 존재를 의식하지 않는 학생들을 보며 나를 무시하는 것 같아 은근히 화가 나기도 했다. 그만 하라고 말리는 것 이외에 어떻게 해야 할지 몰라 당황하는 나는 무능하고 초라한 교사같이 느껴졌다.

보건교사의 주된 업무는 응급처치이다. 나는 26년의 경력이 있으니 학교에서 일어나는 응급상황에 대해 어느 정도는 잘 대처할 수 있다고 자신했다. 그러나 그것 역시 나만의 착각이었다.

개교한 지 며칠이 되지 않은 학교는 긴장의 연속이었다. 바짝 긴장한 상태로 있던 2017년 5월 어느 날, 교무실 인터폰이 울렸다. 학생이 다쳤으니 교무실로 내려와 달라는 연락이다. 어디가 다쳤냐고 물어볼 사이도 없이 응급처치 도구들을 챙겨 내려갔다. 3학년 남학생이 숨을 거칠게 쉬고 있었다. 머리에서 난 피가 흘러내리면서 얼굴은 피범벅이 되어 있었다. 학생에게 심호흡을 여러 번 주문했다. 호흡을 반복하고 진정되기를 기다리며 몸 여기저기를 살폈다. '두부 좌측 0.5센티 정도의 외상, 의식은 또렷하고, 호흡 맥박 정상, 열은 없네.' 다행히 외상 이외에 다른 신체적인 이상은 없어 보였다. 상처를 소독하고 거즈를 두껍게 하여 탄력 붕대로 지혈 처치를 했다. 그 사이 119에서 전화가 걸려왔다. 피범벅이 된 학생을 보고 누군가가 신고를 한 것 같았다. 학생의 상태를 물었다. 작은 외상 빼고는 특별한 이상이 없으니 오지 않아도 된다고 하고 전화를 끊었다. 그러나 학생은 달랐다. "숨이 안 쉬어진다구요. 죽을 것 같아요. 가슴이 답답해요. 토할 것 같아요. 다리에 힘이 안 주어져요." 들릴 듯 말 듯한 목소리로 겨우 말을 하며 계속 숨을 헐떡거렸다. 옆에서 걱정스럽게 지켜보던 교장선생님이 다시 119를 부르셨다. 구급차에 학생을 태우고 함께 동승했다.

숨이 막혀 죽을 것 같다던 학생은 구급차에 타자 쌕쌕 소리를 내며 잠들었다. 한바탕 난리를 겪은 나는 멀미 때문에 고통스러웠다. 그날은 퇴근 후 상담 관련 스터디가 예정 되어 있는 날, 전화를 걸었다. "선생님, 저 오늘 스터디에 참석 못할 것 같아요. 병원 가는 중이에요."

그날을 시작으로 응급상황들은 변화무쌍하게 발생했다. 분노 조절이 안 돼 낫을 휘두르던 학생, 상황 판단이 안 되고 친구들과의 갈등 때문에 높은 담장 위에서 뛰어내려 뒤꿈치가 으스러진 학생, 자신의 분노를 못이겨 기숙사 샤워실 유리창을 부순 학생, 화를 참을 수 없을 때마다 수없이 벽을 때려 손가락 마디가 항상 불룩하게 부어 있는 학생, 자해 행동으로 손목 안쪽에 칼자국이 선연한 학생, 신체화 증상으로 여기저기 늘 아프다는 학생…, 긴장과 두려움의 연속이었다.

"선생님 큰일났어요. 우리관으로 빨리요 빨리요!" 다짜고짜 우리관으로 가자는 학생의 다급한 목소리를 들으며 또 가슴이 두근거렸다. "무슨 일이니?" "가 보시면 알아요." 계단을 뛰어 내려가기 시작했다. "우리관 어디?" "화장실이요. 지선이가 안에서 안 나오고 있어요." 여자 화장실에 도착하니 학생들과 신규 남자선생님이 계신다. 변기에 앉아 있는 지선이를 보니 얼굴 혈색에 푸른 빛이 돈다. "선생님, 빨리 119 전화 해주세요." 신규 선생님을 밀치고 지선이를 보니 옷가지로 목이 꽁꽁 묶여 있었다. 덜덜 떨리는 손가락에 힘을 주고 목에 단단히 묶인 옷가지를 겨우 풀었다. 다행히 지선이는 무사했다. 그날 이후 무심코 그곳 화장실에 들어가게 되면 심장이 덜컥 내려앉았다. 가슴이 두근거리기도 했다. 그것은 그런 위험한 상황이 또 벌어지면 어쩌지? 하는 걱정이었으며 만약 그때 조금만 더 늦었더라면… 하는 두려움이었다. 정말 심각한 상황이 벌어지면 나는 잘 대처할 수 있을까? 자신감이 떨어지기 시작했다. 졸업 후 병원 근무 경력 없이 곧바로 보건교사로 임용된 나보다는 고위험 상황에 좀 더 유능하게 대처할 수 있는 병원 경험이 풍부한 보건교사가 적합하다는 생각도 들었다.

이곳에서 잘 지낼 수 있을까?

롤러코스터 은여울 보건실

"세상에 내 마음대로 할 수 있는 게 없어요.
그러니까 내 마음대로 할 수 있는 몸에다 하는 거죠."
"멋있잖아요"

보건실은 학생들의 사랑방이다. 오가다 간식을 먹고 가기도 하며 수업 들어가기 싫어서 꾀병을 부리고 침대에 눕기도 한다. 초반에는 응급을 요하는 처치가 많았다. 하지만 시간이 지날수록 정신적인 문제가 신체에까지 이어지는 '어디서도 치료받지 못하는 의학적 고아'라는 신체화 증상을 호소하는 학생들이 늘어났다. 개교 초기와는 달리 나에게도 마음의 근육이 생겨 조금의 여유가 생겼다.

머리가 아프고 배가 아프다고 호소하고 있었지만 눈빛은 외롭다고 말하기도, 마음이 아프다고도 말하는 것 같았다. "무슨 일 있니?" 물어봐 주기라도 하면 냉큼 자리에 앉아 진짜 아픈 마음이 담긴 보따리를 풀었다. 자신의 마음을 누군가 알아줬으면 좋겠다는 말은 못하고 아프지 않은 곳을 아프다고 하며 나에게 자신을 받아 줄 틈이 있는지 살핀다.

수업 중 누가 자기를 무시하는 말을 해서 속이 상한다는 이야기부터 가족이 힘이 되는게 아니고 위협적인 존재라는 등 자신의 아픈 마음들을 순순히 쏟아 놓았다.

다양한 이유로 약복용을 해야 하는 학생들의 약관리도 보건실에서 하다보니, 식사 후에는 북새통을 이룬다. 정신과적 약물 복용부터 때로는 기타 개인적인 약복용까지 기숙학교이다 보니 약을 규칙적으로 복용할 수 있도록 지도하는 것도 쉬운 일은 아니다.

보건실에 학생들이 넘쳐날 때는 한명이 요청사항을 이야기하거나 어디가 불편한지 이야기하면 다른 학생들이 끼어들어 동시에 말을 한다. 그리고 미처 답을 못하면 내 말을 들어주지 않는다고 상처를 받는 경우도 있다. 그럴 때면 한 명씩 말해야 알아들을 수 있고 순서를 정해서 이야기하자고 반복적으로 요청한다.

두발과 복장 등에 관한 생활규정이 따로 있지 않아 화장을 하는 학생도 있고 문신을 하거나 피어싱을 하기도 한다. 동백

꽃 문신을 한 여학생이 내민 등에 바세린을 바를 때도 있으며 코뚜레처럼 한 피어싱에 부작용이 생겨 코끝에 대롱거리며 매달린 피어싱을 적절한 도구없이 떼내야 할 때도 있다. 일반학교에서는 있을 수 없는 처치들을 은여울 보건실에서는 해야 한다. 문신이 피부에 해롭고 불법이라든지, 피어싱을 잘못하면 염증이 생겨 피부질환이 생기기도 한다고 설명하는 것은 꼰대로 분류되어 학생들과 큰 장벽을 만든다. 이미 만든 문신이나 피어싱이 부작용 나지 않도록 치료해주고 하고 싶은 말들은 간단히 한다. 학생들이 부작용을 알지 못해서 그런 행동을 하는 것은 아니기 때문이다. 문신과 피어싱을 몸 여기저기에 한 학생에게 물었다. "날이 갈수록 늘어가네? 왜 자꾸 하는지 궁금하다. 어때?" "세상에 내 마음대로 할 수 있는 게 없어요. 그러니까 내 마음대로 할 수 있는 몸에다 하는 거죠." "멋있잖아요!" "쎄 보이고 싶어서요." 대답이 쓸쓸하게 들리기도 하지만 개성이라 생각하기로 한다.

담임 선생님이나 상담 선생님 손에 이끌려 자해로 인해 생긴 상처를 치료받으러 올 때도 있다. 깊게 베인 상처를 볼 때면 소름이 돋기도 하며 긴장이 되기도 한다. 팔뚝에서 피가 뚝뚝 흐르는 걸 보는 것은 수술실에서 보는 피와는 다르다. 그래도 난 보건교사이니 최대한 침착함을 장착한다. 쓰라림을 줄이기 위해 입으로 호호 불어가며 소독을 한다. "아프지 않아? 얼마나 힘들면 이렇게 상처를 냈을까? 마음이 풀릴 다른 방법을 찾지 못했구나. 내일 아침에도 와야 해. 샤워할 때 물 닿지 않게 조심하고." 팔 안쪽에 선명한 흉터 자국이 있는데 그 위를 또 다시 그어 놓은 것을 보면 마음이 아프다. 치료를 끝내고 물었다. "뭘로 했니?" "커터 칼이요." "칼은 어디 있어? 선생님한테 줬으면 좋겠다." "다시 안할께요. 가지고 있어야 안심이 돼요." 치료를 끝냈지만 커터 칼을 가지고 있는 이상 안심할 수 없다. "네가 칼을 가지고 있으니 선생님이 안심이 안 되는데 이 불안은 선생님 문제겠지? 다시 안한다는 너의 말을 믿으며 선생님의 불안을 잘 다스려볼께. 약속 지켜 줄 수 있는 거지?" "네… 지키도록 노력할께요." "자해하고 싶을 때 잘 조절하려고 노력해봐. 혹시 잘 안 되면 도움을 요청하고 상처가 난다면 숨기지 말고 다시 와서 치료받자." 자해를 하는 학생들의 안전망을 구축하기 위해 심리적지지 기반이 누구라도 되어 주는 것은 매우 중요하다. 자해를 하는 학생들은 혼을 내거나 하지 말라고 해서 되는 것이 아니라는 것을 경험을 통해 알았다. 적어도 자해한 상처를 치료받고 누군가에게 자신이 왜 이럴 수밖에 없는지를 이해받는 것이 훨씬 중요하다.

1,2학년때 자해가 심했던 영희의 팔에 난 자국들이 서서히

흐려지고 있다. 중학교 졸업반인 영희는 그때 도움 받았던 순간들을 따뜻하게 기억하고 있었고 그건 나에게도 큰 기쁨이고 보람이었고 내가 은여울에 6년째 있는 이유이기도 하다. 나는 여기서 내 삶을 나누고 있다.

"제가 한동안 자해를 엄청 많이 했었잖아요. 작년부터 재작년까지. 그럴 때마다 항상 선생님이 치료를 해주셨는데 정말 감사했던 게 지금 생각하면 정말 감사한 게 뭐냐면 '칼 어딨어?' 이러면서 막 저를 다그치거나 바로 이렇게 칼을 뺏고 그러는 게 아니라 그 상황에서 제 마음을 너무 충분히 헤아려 주시고 사실 가자마자 '너 이거 왜 했어?' 하면 말하기 싫잖아요. 누구도. 칼 갖다 주기도 싫고. 내가 지금 조사하러 온 건지 치료를 받으러 온 건지도 모르겠고 막 그런 마음이 들잖아요. 근데 괜찮아? 이러면서 되게 저를, 그 상황에서 티는 안 나지만 되게 마음속으로 요동을 엄청 치고 있는 저를 진정시켜주셨어요. 말로 진정시켜주시고 저를 충분히 안정시켜주신 다음에 대화를 하고 나서 커터칼을 달라고 끝까지 쫓아오시고 그러는 게 아니라 충분한 대화 후에 '네가 이때까지는 그래도 가져다 줬으면 좋겠어.'라고 말씀을 하시고…(…중략…)

은여울은 어떤 곳이냐면 제 삶을 바꿔준 곳, 그렇게 생각하죠. 제 삶을 올바른 길로 거의 인도해 준 거랑 마찬가지니까 그렇게 생각이 들죠."

우리 학생들은 힘들고 고통스러움을 잘 참지 못한다.

당연히 고통 속에서 힘을 내야 하는, 힘을 내게 하는 이유도 제각각이다.

2017년 지리산 국토 사랑 체험학습을 다녀와서 쓴 일기에는 또다른 차원의 이야기가 적혀 있다. 다양한 고통의 지점을 살펴보는 의미에서 여기에 옮긴다.

전교를 순례하며 초코파이, 빅파이, 몽셸, 학생스티, 핫초코 등을 먹으며 하루 일과를 보내는 학생. 막상 식사시간엔 듬성듬성한 식판을 들고 채 5분이 지나기 전 식사를 끝내고 다시 먹을 것 없냐는 학생.

숨이 턱턱 막히는 지리산 산행 내내 여전히 무기력함을 드러냈다. 급기야 하산길엔 오십 미터를 채 걷지 못하고 주저앉기를 반복했다. 학생 뒤에서 기다리다가, 채근하다가, 손을 잡고 끌다가, 달래보다가 배낭 한쪽에 있는 넛츠바 하나를 건넸다.

그제서야 부시시 일어나 걸었다.

껍질을 산자락에 휘리릭 던지기에 다시 주워 학생 배낭에 넣어주며 잔소리는 삼켰다.

"근데요. 선생님, 저 견과류 알레르기 있어요. 먹으면 목이 붓고 명치 쪽이 아파요."

하산까지는 아직도 1킬로나 남아있었다.

학생 상태를 살피며 부랴부랴 내려와 버스를 기다렸다.

"춥고 토할 것 같아요."

명치 쪽에 걸려있던 것들을 폭풍처럼 쏟아냈다.

한바탕 쏟고 나더니 점심도 못 먹고 식당 앞 의자에 길게 누웠다.

좁고 긴 의자에 오한을 느끼며 세로로 누워 있는 학생을 가만히 보고 있자니 나도 가슴 한쪽이 빼근하게 아팠다.

오랫동안 허기진 사랑이 불러 온 식탐일까? 그 유혹을 뿌리치기에 목이 부어오르고 온몸이 가려운 것 따위 아무것도 아닌 걸까? 견과류 알레르기를 뻔히 알면서도 거절하지 못하게 한 것은 무엇이었을까. 이렇게 심한 견과류 알레르기를 학생 엄마는 왜 금시초문일까.

결국 주사 두 대와 약 한 봉지로 괴로운 가려움증과 목아픔은 진정되었다.

항히스타민제처럼, 학생의 허기지고 텅빈 가슴을 채워줄 강력한 한방이 있으면 좋겠다.

차근차근 조금 조금씩 한걸음씩 가기엔 나는 답답하게 아프고, 학생은 고단하다.

지리산 봄햇살은 눈이 부시게 따갑고 시렸다.

날달걀

일반 학교에선 지극히 평범하고 당연한 것들이지만,
이곳 은여울에서는 울컥하는 순간으로 다가오는
특별함이 있다.

3학년 남학생들이 후배 여학생에게 성적인 말을 했다. 행동도 폭력적이며 이미 욕을 입에 달고 사는 녀석들이다. 자체만으로도 후배에겐 위협으로 느껴질 존재들. 그들이 후배 여학생에게 했던 성적인 말들은 수위를 막론하고 폭력이라고 판단되었다. 3학년 남학생에게 어떤 것들이 필요할지가 논의되었다. 외부 상담기관에 가서 상담을 받고 오는 것으로 협의가 되었다. 상담기관까지 가는 과정 역시 책임지는 행동의 일부라고 판단되어 대중교통을 이용하기로 했다. 상담 첫 회에는 교사가 동행하기로 했다. 학생들이 학교를 나가는 것에 불안을 느낀 교감선생님은 여러 가지를 당부하셨다. 이미 위탁 교육 기관에서 다양한 학생들을 교육한 경험에서 나온 걱정이었다. 교사를 따돌리고 담배를 사서 피울 수도 있고 학교로 복귀하지 않을 가능성도 있단다. 또한 이유 없이 길을 가던 사람과 어깨를 부딪치며(일명 어깨 빵) 시비가 붙을 수도 있단다. 상담을 하러 간 기관에서 무례하게 행동할 수도 있다고 했다. 교감선생님의 당부를 마음에 담았다. 그렇게 학생들과 나는 연둣빛이 고운 봄날, 진천에서 청주로 시내버스를 타고 위험한 소풍을 나오게 되었다. 언제 깨어질지 모르는 날달걀 두 개를 양손에 쥐고 멀리 장에 가는 느낌이다. 학생들은 조마조마한 내 맘을 아는지 모르는지, 가는 내내 과자를 사달라고 조른다. 상담은 관심 밖이다. 점심은 뭘 먹을 건지, 도착하면 엎드려 잘 수 있는지가 오히려 큰 관심사다. 진지함이라곤 없다.

오랜만에 시내버스를 탔다. 버스에서 쏟아내는 학생들의 이야기를 듣는 동안 나는 엄마가 되기도 상담자가 되기도 한다. 가끔은 왜 그렇게 꼰대처럼 구냐는 눈빛으로 나를 바라본다. 그럼에도 우리가 청주에 가는 이유에 대해 나는 단호하게 꼰대스럽게 말하기도 한다. 수다를 떠는 학생들의 모습을 보며 나도 조금씩 긴장이 풀리기 시작한다.

버스에선 할머니께 자리를 양보하고 점심을 먹을 땐 물컵과

수저도 놓는다. 내 말에 귀를 기울이기도 하고 질문에 대답도 고분고분 한다. 자신을 때린 아버지를 어른이 되면 똑같이 해 주고 싶다는 아픔도 쏟아낸다. 버스에서 내려서 살갑게 팔짱도 낀다. 언제 도착하느냐고 어리광도 부린다. “힘들면 업어 줄까?”라는 내 말에 수줍게 웃기도 한다. 김치찌개에 밥 두 그릇을 뚝딱 해치운다. 두어 시간이나 되는 상담시간에 자리를 지킨다. 기특하다. 일반 학교에선 지극히 평범하고 당연한 것들이지만, 이곳 은여울에서는 울컥하는 순간으로 다가오는 특별함이 있다.

은여울에 온 학생들 대부분은 이미 처벌과 비난에 익숙하다. 여러 가지 이유로 일반 학교에서는 적응이 어려워 여기 온 학생들이다. 이곳에서조차 적응을 못하고 내몰린다면 갈 곳이 없는 학생들인지라 처벌에도 신중할 수밖에 없다. 규칙에 의한 처벌만이 능사가 아님을 알고 있다. 이미 패널티를 여러 개 가진 학생들에게 처벌을 통한 규제는 한계가 있음도 알고 있다. 그렇다보니 처벌이 필요하다고 느낄 때도 신중해진다. 사안이 벌어질 때마다 어떻게 하면 행동 변화와 성장을 가져올 수 있는지에 대한 고민이 깊다. 난 학생들의 이야기를 귀담아 듣고 감정에 깊이 공감해 주려고 애쓴다. 자신의 감정이 해소되어야 그 너머를 볼 수 있기 때문이다. 학생들에게 처벌 대신 사랑과 기다림과 격려로 다가가려 애쓴다. 그러나 학생들의 변화된 모습을 보기까지는 아직도 꽤 오랜 시간과 정성이 필요할 것 같다.

오후 햇살이 좋다. 돌아오는 버스 창문에 기대어 잠깐 졸았다. 덜컹거림에 눈을 떠보니 두 녀석이 잠에 빠져 있다. 영락없는 그 또래 학생들이다. 나의 불안은 결국 나만의 걱정이었다. 학교가 만들어 놓은 규칙과 규율 안으로 들어오지 않는 학생들을 교사가 기다리고 견뎌주지 못하는 조바심이 결국 불안을 만들어 내고 있었다. 다른 사람에게 상처 주고 폭력적인 학생들의 행동에도 이유가 있다. 반복적으로 자신의 감정이 무시되고 존중받지 못한 경험의 결과일 것이다. 학생들은 진심으로 자신을 믿어주고 존중해주는 사람이 그리운 것일지도 모른다는 생각이 들었다.

나의 위험한 소풍은 날달걀을 다시 무사히 원위치하며 마무리되었다. 주 1회씩 다섯 번이나 가야 하는 상담을 잘 다녀올 수 있을까? 아직도 걱정은 남아있다. 그러나 나는 언제가 끝날일지 모를 허구한 날을 품고 기다리기로 결심한다. 닭일지 백조일지 오리일지 모르나 깨치고 나오는 그날이 있을 것이라 믿으며, 기쁘게.

설렘

설렘, 그 첫사랑의 감정이
미완으로 끝날지라도 그보다 더
신비한 에너지가 있을까.

"상담 중인데 가슴이 아파서 도저히 상담을 지속할 수 없다고 해서 데려 왔어요. 병원에 가봐야 하지 않을까요?" 상담 선생님이 학생 손을 붙잡고 보건실 문을 들어선다.

항상 시무룩한 표정을 하고 다니는 2학년 상훈이다. 은여울에 온 학생들은 저마다 사연을 가지고 있다. 상훈이는 내성적인 성격으로 친구들과 어울리지 못하고 따돌림을 당한 경험이 있었다. 화가 나거나 기분이 상하면 얼굴에 감정을 그대로 드러내며 입을 굳게 다물었다. 교실에서 다툼이 있거나 친구들로부터 상처가 되는 말을 들으면 슬그머니 보건실 문을 열고 들어와 침대에 누웠다. 그 상태가 되면 마음을 열지 않았다. 무슨 일이 있었는지 어떻게 도와주면 좋겠는지 말을 하지 않으니 답답했다. 머리까지 이불을 뒤집어쓰고 자기를 좀 내버려 뒀으면 좋겠단다. 그때는 잠을 재우거나 "많이 힘들구나?" 한마디 던져 놓고 기다려야 한다. 그렇게 한참을 기다리다 보면 이불 속에서 훌쩍거리는 소리가 들린다. 얼마 후 이불을 내리고 내가 건넨 휴지를 받아들었을 때야 비로소 입을 뗀다. "돼지 새끼라고 놀렸어요. 식당에서 저보고 그만 좀 처먹으래요." "많이 속상 했겠다." 그렇게 한 시간 가까이 이야기를 하고 나면 "저 이제 가 볼게요." 하며 축 처진 어깨로 보건실을 나갔다. 그런 상훈이가 상담 중에 가슴 통증을 호소한 것이다. 다른 곳도 아니고 심장 부위 근처에 통증을 호소하니 상담 선생님 얼굴에 걱정이 가득했다.

"상훈아~ 가슴이 아프니? 너는 스트레스 받으면 몸으로 나타나잖아. 혹시 무슨 속상한 일 있었어?" "아무 일 없어요. 그냥 가슴이 조여 오는 것처럼 너무 아파요." "일단 침대에 누워 보자." 학생을 침대에 누이고 혈압과 맥박을 측정해보니 정상이다. "가슴이 어떻게 아픈데? 혹시 소화가 안 되는 것처럼 답답하니? 아니면 숨이 잘 안 쉬어져?" "……" 특별한 신체적 이상은 없어 보였다. 일단 누워서 안정을 취하며 학생을 지켜보겠다고 말하고 상담 선생님을 돌려보냈다. "선생님, 여기가 계속 두근거려요." "심호흡 몇 번 해 볼까?" 하라는 심호흡은 하지 않고 우물쭈물 하더니 "저기 그런데요. 그게요…" "응 그래. 이야기 해봐." "여기가 뭔가 설레는 것처럼 그래요. 막 두근두근거려요. 혹시 선생님도 이런 적 있으세요?" 헉, 이거 뭐지? "너 혹시 좋아하는 여학생 생겼니?" 상훈이가 수줍게 고개를 끄덕인다.

아! 이거였구나! 많은 일들을 겪고 이곳에 온 경희 누나를 좋아한단다. 그 누나만 보면 가슴이 뛰고 숨이 안 쉬어진단다. 누군가를 좋아하면 이런 증상이 나타나는지에 대해 궁금해하고 있었다. "그럼 그럼. 선생님도 중학교 때 수학선생님을 짝사랑했는데 선생님 목소리만 들어도 심장이 터져 나올 것 같았어." 나도 그 순간 35년 전 첫사랑의 감정이 떠올랐다. 상훈이도 바라보고 있는 것만으로도 가슴이 조여오는 첫 사랑이 시작되는가 보다. 침대에 둘이 앉아 첫사랑 열병에 대해 열심히 이야기를 나누었다. 나는 수학선생님이 얼마나 멋졌는지. 상훈이는 3학년 누나가 얼마나 자신을 설레게 하는지에 대해. 나는 상훈이에게 이야기하지 않았다. 경희가 담배도 피우고 남자친구도 여러 명 있다는 것을. 제과제빵 시간에 누나가 만들어 건넨 빵에는 상훈에게 특별한 감정이 있기 때문이 아니라는 것도 말하지 않았다. 대신 이제 막 사랑의 감정이 싹트기 시작한 상훈에게 축하 인사를 건넸다. "축하해! 드디어 이제 첫사랑이 시작 되었네."

봄바람이 분다. 여러 가지 이유로 상처를 안은 채 은여울에 들어온 학생들 가슴에도 첫사랑의 감정이 일어나는 시기다. 바야흐로 성호르몬이 왕성한 시기가 아닌가. 설령 그 설렘이 꽤 오랜 시간 가슴앓이로 끝날지라도, 그 시기에 누릴 수 있는 아픔이며 특권이 아닌가. 누군가에게 마음을 빼앗겼을 때 답답하고 초조하지만, 기꺼이 감내해야 하며 마음이 받아들여지기를 기다려야 한다는 것도 배울 것이다. 하루에도 몇 번씩 천당과 지옥을 오가기도 할 것이다. 그럼에도 불구하고 그 시기에 겪어야 할 통과의례가 아닌가.

설렘, 그 첫사랑의 감정이 미완으로 끝날지라도 그보다 더 신비한 에너지가 있을까. 아프지만 잘 견뎌내며 건강한 청년이 되기를 응원한다.

스킨십

은여울에서는 가끔 한바탕 소동이 일어난다.
그땐 선생님이기 이전에 사람 김현아로서 아프고 힘겹다.
그때 "선생님 힘내세요!"

은여울 학생들의 스킨십은 다양하다. 지나가던 나에게 달려와 두 팔을 벌리며 안기는 학생이 있는가 하면 일부러 슬쩍슬쩍 어깨와 팔을 부딪치는 남학생도 있다. 열 체크를 하거나 상처를 확인하려 할 때 몸을 빼며 어색해하는 학생들도 있다. 어떤 학생은 따뜻하게 힘껏 안아주어야 하고 어떤 학생은 스킨십에 경계를 가르쳐야 하는 경우도 있다.

불완전한 애착으로 정서적 안정을 이루지 못한 학생들은 교사와의 따뜻한 스킨십이 필요한가 하면 스킨십의 경계를 분명히 해야 하는 학생도 있다. 동의가 없는 스킨십은 반드시 짚고 넘어가지 않으면 사회문제로 야기될 수도 있기 때문이다. 손을 잡으면 빼는 학생도 있지만 그저 덤덤한 학생들도 있다. 하나하나의 성향을 파악하고 의미 있는 소통과 교감으로 그들이 긍정적으로 성장할 수 있도록 돕는 것이 나와 은여울의 일이다.

타고난 성향 때문인지 나는 스킨십이 익숙하지 않다. 친구와 팔짱을 끼거나 가벼운 포옹을 할 때도 내가 먼저 나서는 경우는 거의 없다. 편안하고 자연스러운 스킨십이 몸에 배지 않았다. 어색함 때문에 스킨십이 서툴다 보니 그저 덤덤히 나의 자리를 지키는 것, 그것이 나름의 사랑 방식이었다. 그런 나에게 은여울 학생들과의 스킨십은 특별하다.

한겨울, 엄마는 큰 가마솥에 불을 때며 따끈따끈한 목욕물을 만들었다. 아궁이에는 장작불이 타닥타닥 소리를 내며 타고 있었다. 일 년에 몇 번 안 되는 고무대야 목욕을 하는 날. 고무대야에 나를 앉힌 엄마는 내 등을 꼼꼼히 밀어주셨다.

"엄마 아파, 살살 좀 밀어. 그러다 피 나면 어떡해?"

"우리 현아 아팠구나? 그래도 이렇게 밀어야 더 예뻐지는 거야."

아프다는 소리는 아랑곳없이 엄마는 계속 등을 밀어주셨다. 그리고 목욕이 끝나면 나를 번쩍 안고 안방으로 들어가서 따뜻한 이불 속에 쏙 넣어 주셨다. 이부자리 아래에는 이미 따뜻하게 덥혀진 내의가 있었다. 그때의 안락함과 포근함이란 이루 말로 표현할 수 없었다. 그것은 나를 보호해 줄 든든한 누군가가 있다는 의미였으며 안전하다는 의미이기도 했다.

은여울에서 내게 달려와 안기는 학생을 품에 안는 것은 목욕을 막 끝낸 어린 나를 엄마가 안아주던 느낌과는 다르다, 하지만 엄마의 따뜻한 스킨십을 떠오르게 한다는 점에서는 포근하고 행복한 스킨십이다.

나는 마음이 빽빽하고 힘겨움이 느껴질 때 엄마를 찾는다. 드르륵 소리가 나는 현관문을 열고 "엄마" 하고 부르면 "우리 딸내미 왔어. 어디 봐. 그새 또 얼굴이 반쪽이 됐네."라며 엄마 품에 꼭 안아주신다. 그 순간 나의 힘겨움을 다 말하지 않았음에도 모든 것이 위로되는 느낌이다.

은여울에서는 가끔 한바탕 소동이 일어난다. 그땐 선생님이기 이전에 사람 김현아로서 아프고 힘겹다. 그때 "선생님 힘내세요!"라며 따뜻한 눈빛을 보내는 학생. 그 학생을 꼭 안으면 따뜻한 에너지가 발생한다. '그래, 다시 힘을 내야지.'

스킨십이 어색하고 낯설지만 점차 익숙해지는 나를 발견한다. 자신을 용납하지 못해 힘들어하는 학생과 다른 학생들과

원만하지 못한 관계 때문에 훌쩍이는 학생을 향해 먼저 팔을 벌리는 나 자신이 참 신기하기도 하다. 힘든 하루를 보낸 후 내일 일을 걱정하며 징징대는 학생을 기숙사 침대에 눕히며 돌아서는데 "선생님! 내일 일어나자마자 안아 주세요."라고 말한다. 가슴이 뻐근해지는 순간이다.

1995년 미국 매사추세츠 병원에서 예정보다 12주나 빨리 태어나 인큐베이터에 있던 쌍둥이 자매의 포옹 이야기는 스킨십의 마력을 보여준다. 동생의 건강 상태가 악화되자 간호사가 건강한 언니와 함께 아픈 동생을 눕히는 'co-bedding'을 시도했다. 그 순간 놀라운 일이 일어났다. 조금 일찍 나온 언니가 자기 팔을 뻗어 아픈 동생을 안아준 것이다. 그 후 신기하게도 동생의 건강이 회복되었다. 마음이 담긴 따뜻한 포옹은 아픈 몸까지도 회복시킬 수 있다는 감동적인 이야기이다. 쌍둥이 자매의 포옹만이 아니라 은여울의 스킨십은 치유와 회복이다. 학생들에게도 그리고 나에게도.

수용 받지 못한 감정의 도돌이표

학생과 나는 실제 공간에 서로 마주 보고 앉아 있었지만,
마음 공간, 감정 공간에서는 서로가 보이지 않는
커다란 벽을 사이에 두고 있었다.

"네가 훔쳐 먹었지?"

"선생님, 누가 제 캐리어에 있는 과자 훔쳐 먹었다구요."

전체 학생이 모여서 하는 수업 중인데 집중하지 못하고 지속적으로 중얼거린다. 다른 학생들에게 방해도 되고 과자 문제가 해결되기 전까지는 수업에 참여할 마음이 전혀 없어 보이니, 교실 뒷편으로 학생을 데리고 가서 이야기를 시작했다.

학생은 자신이 가져온 과자를 한두 명이 아닌 여러 명이 훔쳐 먹었다는 것. 그 과자 중에는 외국에서 사 온 과자도 있어

그것은 자신도 야금야금 아껴 먹고 있었다는 것. 평소 먹성이 좋아 먹을 것을 좋아하는 학생이 의심되는데 그 학생은 계속 자신이 먹지 않았다고 우긴다는 점 등등 알아듣기 어려운 작은 소리로 계속 되풀이하며 이야기하고 있었다.

과자 껍데기를 가져다가 지문 조회를 의뢰해 주든지 아니면 나중에 변을 보면 그 변 속에 과자 성분을 분석해보면 범인이 누구인지 알 수 있을 것이니, 국립과학수사연구소에 의뢰해 달라는 현실 불가능한 요청들을 하고 있었다.

내 말은 들으려고도 하지 않았다. 마치 그 많던 과자는 누가 먹었을까에 도돌이표가 있는 것 같았다. 설마 지문 조회나 국립과학수사연구소에서 성분을 분석하는 것이 가능하다고 생각하며 말하고 있는 것일까?

그 순간 학생 앞에 '교사'라는 힘으로 우뚝 서 있는 나는, 학생이 진정이 되어 수업에 얼른 다시 참여하기를 원했다. 과자를 가져간 장면을 직접 보지도 않았으면서 평소 만만하다 생각되는 친구에게 자꾸 추궁을 하다 싸움으로 번질까 염려되었다. 학생이 해결방안이라 생각하는 것들이 얼마나 비합리적이며 현실 불가능한지를 알려주려고 거듭 설명하였다.

은여울 공동체 안에는 일깨우기, 참만남, 학급정규집단 등 다른 민주적인 해결방법이 있으니 그것을 이용해 보자고 해결책을 제시하고 있었다. 그러나 말도 안 되는 요구들을 쏟아내며 의심되는 학생에게 달려들 기세로 점점 목소리를 높여갔다. 나도 점점 평정심을 잃어가고 있었다. 계속 이렇게 행동하면 해결이 안 난다는 것을 강조하며 "그러니까 선생님 말을 잘 들어봐"라며 학생의 말을 가로채고 있었다. 우린 분명 서로 같은 언어로 말을 하고 있었지만 서로 전혀 알아들을 수 없는 외래어로 말하고 있었다.

학생과 나는 실제 공간에 서로 마주 보고 앉아 있었지만, 마음 공간, 감정 공간에서는 서로가 보이지 않는 커다란 벽을 사이에 두고 있었다. 학생은 지금 현재 분하고 화나는 감정을 알아주기를 바랐고, 나는 학생의 감정을 마치 다 알고 있다는 듯 말하며, 내 말을 빨리 받아들이고 수업에 복귀하기를 바랐다. '그래 네 마음 알겠으니까 그만큼 했으면 됐잖아. 이제 그만하고 수업 좀 들어가.' 답은 이미 정해져 있었다. 그렇게 서로 줄다리기를 하다가 끝이 났다.

결국 나는 학생을 수업에 참여시키지 못했으며 억울하고 짜증나고 화나는 학생의 마음을 풀어주지도 못했다. 그렇다면 나는 무엇을 위해 학생과 이야기를 했지?

수업시간엔 조용히 수업을 들어야 한다는 것, 어떤 것이 잘못인지 옳은 행동인지 알려주려 했다는 것, 선생님이 알아듣게 설명하면 얼른 알아듣고 착하게 잘 따라야 한다는 것이 내 안에 자리 잡고 있다 보니 결국 나도 학생과 똑같이 힘겨루기를 하고 있었다는 자책이 뒤늦게 올라왔다.

어릴 때부터 주의력이 떨어지고 산만한 특징을 가지고 있던 학생이었다. 부모와 선생님 그리고 주변 친구들로부터 그런 특징들을 이해받지 못하고 계속 비난받고 지적받았을 것이다. 주변에서 학생의 특징을 이해하고 존중했더라면 지금보다 훨씬 더 적응적이었을 것이다. 수업시간에 바른 자세로 앉아 있지 못하고 다소 산만하더라도 학생의 기질과 특징을 이해하고 학생에게 맞는 지도방법을 고민했더라면 어땠을까? 선생님도 부모님도 친구들도 문제가 많은 학생으로 인식하다 보니, 부정적인 표현들이 학생의 자존감을 낮아지게 했을 것이다. 답답한 자신의 마음을 알아주는 사람이 없으니 거친 말로 표현하다가 그것이 더 쌓이자 폭력 행동을 하기도 했을 것이다.

자신의 감정을 차근차근 표현하지 못하는 것은 아마 세상에 태어나 처음 만난 존재, 부모로부터 자신의 감정을 충분히 수용 받는 경험이 미흡했기 때문일 것이다. 나의 존재로 존중받고 사랑받지 못하고 관심 밖에 있던 학생이었을 것이다. 그 학생이 비로소 은여울이라는 안정된 환경에서 조금은 자신을 보여주기 시작하고 자신의 욕구를 드러낸 것일 수도 있다는 생각이 뒤늦게 들었다.

학생의 존재를 인식하고 감정을 수용하고 충분한 지지가 이루어져야 다음이 가능하다. 충분히 기다렸어야 했다. 소중한 과자를 가지고 왔는데 누군가 가방을 몰래 열어 전부 가져가 버렸으니 얼마나 화가 나고 억울했겠는가? 범인을 밝혀서 혼을 내주고 싶었으리라. 억울하고 화가 난 감정의 소용돌이 속에 있으니 해결책이 무슨 소용이겠는가? 학생이 느낀 감정을 충분히 받아 주었더라면, 어떤 마음일지 충분히 공감하고 지지했더라면, '충분히'라는 시간을 주고 기다렸더라면 어땠을까?

학생의 수용 받지 못한 그 감정은 되돌이표처럼 돌아오고, 그러다가 지치면 결국 비사회적 존재로 낙인되는 것이다.

학생은 그때 '자기 자신으로 수용 받지 못한 느낌이었겠구나' '안전하다고 느끼지 못했겠구나' 라는 마음이 성찰되자 미안한 마음이 들었다. 다시 만나 이야기를 나눠 보아야겠다.

포털사이트 1면을 장식하다

학생들은 변화할 것이다.
그것이 지금일 수도,
아니면 지금이 밑거름이 될 수도 있을 것이다.

2017년 5월, 개교 2개월 지난 어느 목요일 한 신문사가 낸 기사에 은여울 주변은 술렁이기 시작했다. "대안학교 은여울 中 툭하면 '경찰 출동…' 교육계 긴장"이라는 제목으로 인터넷 사이트 메인에 떡하니 은여울 기사가 났다. '두 달간 경찰관이 출동한 횟수 20건… 현재 은여울중은 위기 학생을 한 곳에 모아 놓았을 뿐이지, 이상적인 대안학교 기능을 수행한다고 보기 힘들다' 는 내용이었다.

은여울은 모두에게 위기라고 여겨지는 상황이 오면 전체 구성원이 모여 비상총회를 한다. 학생과 교직원이 책상 없이 의자에 둥글게 앉는다. 그 자리는 누구나 평등하다는 의미가 있기도 하며 서로를 존중한다는 무언의 약속이 있다. 누구든지 자유롭게 의사 표현을 할 수 있으며 비난하지 않고 나의 마음과 감정을 표현하고 다짐을 이야기한다. 때로 유사한 서로의 경험을 이야기하며 공감의 장이 되기도 한다. 은여울에서 위기는 성장할 수 있는 기회의 소중한 시간이라고 믿기 때문이다.

스크린에 포털사이트 기사를 띄우고 비상총회가 시작되었다. 학생들과 선생님들은 아파했지만 담담했다.

- 언론은 기사 제목을 어떻게 쓰느냐에 따라 그 내용이 크게 달라질 수 있는 것이다. 같은 상황을 '경찰이 개교 초 힘든 학교를 도와주며 함께 힘을 합치고 있다'라고 했으면 반응은 달랐을 것이다.

- 우리는 '문제아'가 아니다.
- 기사는 객관적이지 않다. 우리 안에는 효사랑 대회 나가서 1등을 한 친구도 있다. 그런 건 왜 보도가 안 되냐?
- 마음이 아프다. 기분 나쁘다.
- 이 기사에 무엇인가 정치적인 밑그림이 있을 수도 있다.

- 사실 여부도 확인 안 된 내용으로 쓴 기사에 동요할 필요 없다고 생각한다.

학생들은 기분 나쁘고 아파했지만 단단하게 잘 견디고 있었다.

'이것으로 상처받았을 학생들과 선생님들을 생각하니 가슴이 아프다' 선생님들은 눈물을 흘리기도 하고 우리를 다시 돌아보며 무엇을 어떻게 고쳐나가야 하는지도 이야기했다.

폭력은 학습된다. 폭력은 서로의 물림이 너무도 단단하여 고리를 끊는 건 매우 힘들다. 그러나 그 단단한 고리를 끊을 수 없다고 생각하지는 않는다.

권력과 힘을 가진 존재가 폭력으로 자신을 굴복시키거나 통제하려 한다면 그 순간 두려움과 좌절로 무너지고 만다. 그것이 반복될 때 좌절감을 넘어 자신에 대한 무력감으로 자존감이 파괴되며 결국 깊은 분노가 생성된다. 그 분노는 나보다 힘이 약한 존재를 만나면 어김없이 폭력으로 대물림되어 분출되는 것이다.

은여울 학생들 대부분은 어떤 식으로든 폭력에 노출되어 있다. 그리고 갈등상황에서 폭력 이외에 다른 방법이 있음을 경험하지 못했을뿐더러 더 나은 방법을 시도한 적도 거의 없다. 몽둥이가 약이라느니, 삼청교육대에 보내야 한다느니 기사에 댓글을 달고 함부로 말하는 많은 사람들처럼 말이다.

학습된 폭력의 고리를 끊기 위해 우리는 강력한 처벌과 비난을 선택하지 않기로 했다. 폭력이 아닌 서로를 이해하고 존중하는 방식이 있음을 끊임없이 노출시키며 믿음을 주고 누구나 존중받아 마땅한 존재임을 깨닫게 하고 싶었다. 강력한 학교 규정과 처벌 조항으로 잠시 잠잠할 수는 있겠으나 뿌리 깊은 분노와 폭력은 치유되지 않는다고 믿었다. 시간이 걸릴 것이다. 예상치 못한 난관에도 부딪힐 것이다. 그리고 그 믿음엔 문제점도 있을 것이다. 그러나 은여울은 어떤 순간에도 학생들을 방치하거나 손을 놓거나 도망가지는 않을 것이다.

학생들이 안전한 환경 속에서 뿌리를 내리고 성장할 수 있도록 끊임없이 노력하며 고민할 것이다. 개교 후 두어 달 동안 우리는 좌절했지만 희망도 보았다. 학생들은 변화할 것이다. 그것이 지금일 수도, 아니면 지금이 밑거름이 될 수도 있을 것이다.

하루하루 특별한 보살핌과 사랑이 필요한 학생들이다. 그 학생들과 나누기에도 부족한 시간이다. 우리에게 쏟아지는 과도한 부정적인 언론의 관심은 그 시간을 자꾸 훔쳐간다. 지켜보고 응원하고 기다려주기를 바라는 것은 과도한 욕심일까?

은여울 개교 후 두어 달 넘는 시간은 학생들에게 우리가 믿어도 좋은 어른이라는 것을 몸과 마음을 다해 이야기하는 시간이었다. 그 시간 속에 크고 작은 사건 사고가 있었지만 우리는 학생들과 신뢰를 형성하는 데는 성공했다. 지금부터 시작이다.

이제 제자리에 서서 운동화 끈을 단단히 조였다. 한발 한발 걸어보는 일만이 남아있다.

첫 번째 이별

"괜찮아.
네가 하고 싶은 것을
은여울에서 천천히 찾아보면 될 거야."

"현식아~ 합격 축하해." 공고에 진학하기 위해 원서를 접수한 현석이는 내신 성적이 좋지 않다며 걱정을 했었다. "쌤~ 저 고등학교 졸업하고 취직하면 저랑 결혼해요." "그래~ 쌤이 그동안 주변 정리하고 있으마. 꼭 와야 해." 나도 장단을 맞추며 대답했다. "아~ 네." 부끄러웠을까? 똑바로 쳐다보지도 못하고 대답을 했다.

3학년 현식이는 근처에만 가도 담배 냄새가 났다. 욕 좀 그만하라는 말에 어깃장을 놓듯 욕이 들어가지 않으면 대화가 되지 않았다. 콧수염이 시꺼멓고 삐죽삐죽 나온 턱수염에 키는 나보다 10센티는 더 컸다. 학교에서 하는 모든 활동에 관심이 없다고 했다. 아무것도 하기 싫다고 했다. 친구들과 보건실에 몰려와 거들먹거리며 큰 소리로 욕설을 해댔고, 학교에 대한 불만을 쏟아 놓을 때는 세상에서 자신이 가장 센척했다. 그러던 그가 혼자 보건실을 찾아 자신의 어린 시절 이야기를 할 때면 예닐곱 어린학생이 되기도 했다. 부모 간의 잦은 불화, 아버지의 폭력, 경제적 어려움 등 어린 현석이가 감당하기에는 힘겨운 환경이었을 것이다. 어린 시절 자신이 하고 싶었던 것들을 할 수 없는 환경과 부모로부터 거절당했던 경험들은 좌절감을 가져왔을 것이다. 칭찬은 고사하고 책망과 꾸중에 익숙했을 것이다. 그런 상황들이 반복되며 결국 모든 것들에 흥미를 잃었을 것이다. 인간은 본래 마음이 편안한 상황에서 호기심이 작동된다. 부모로부터 반복적인 거절과 부정적 피드백의 경험들이 결국 자포자기와 무기력 상태를 만든 것이다.

"재는 왜 저렇게 아무것도 안하고 밥만 먹고 잠만 자요? 그러면 학교에는 뭐 하러 올까요? 한심스러워요." 현식이는 그동안 학교에서 수도 없이 이런 말을 들었을 것이다. 그러나 나는 아무것도 하지 않는 무기력한 현식에게 두려움을 보았다. 기회조차도 없었으며 어쩌다 이룬 작은 성공의 경험에도 지지받지 못한 현식이가 아무것도 하기 싫은 것은 당연한 일이다. 어쩌면 어떤 것도 할 수 없어 잠만 자고 밥만 먹을 것이다. "괜찮아. 네가 하고 싶은 것을 은여울에서 천천히 찾아보면 될 거야." 수업시간에 들어가기 싫고 누워만 있고 싶다는 현식이를 기다리는 일은 힘든 일이었다.

반복되는 꾸지람 속에 상처받고 좌절했던 마음이 치유받기 위해서는 꽤 오랜 시간이 걸릴 것이다. "샘, 오늘은 오전에만 잘게요. 목공시간에는 들어갈 거에요." "그럴래?" 한 시간을 넘기지 못하고 다시 보건실 침대를 찾았지만 현식이가 무엇인가를 하겠다는 말은 내가 듣고 싶었던 정말 반가운 말이었다.

누군가는 현식이를 믿고 한결같은 마음으로 사랑하고 이해해야 한다. 자신이 괜찮은 사람이라는 생각이 들기까지 따뜻하고 안정된 환경이 필요할 것이다. 스스로 안심이 되어야, 하고 싶은 것들을 찾아 시도해 볼 수 있을 것이고 성공의 경험도 맛볼 수 있을 것이다. 그러나 1년의 시간은 짧았고 우리에겐 이별이 다가오고 있었다.

2017년도에 개교하여 3학년으로 전입한, 12명 학생들의 고등학교 합격 소식이 들려오기 시작했다.

이젠 '이놈아' 라는 소리를 '사랑해' 라는 말로 바꿔 들을 정도로 마음이 열렸다. 뭔가를 반드시 잘 해내기보다 그저 자신의 존재가 소중하다는 것을 항상 잊지 않았으면 좋겠다. 자신을 온전히 받아주고 기다려 주는 사람이 있다는 것을 어렴풋이 알아가기 시작한 3학년 학생들과 머지않아 이별을 해야 한다. 할 수만 있다면 일 년쯤? 아니 한 학기만이라도 시간이 더 있었으면 좋겠다. 사실 마음은 놓이지 않는다. 이제 겨우 고개를 내밀기 시작한 싹이 추운 세상에 고개를 내미는 듯해 불안하기도 하다. 그럼에도 우리는 결국 헤어질 것이다.

그동안 학생들에게 쏟았던 정성과 믿음과 사랑이 치유와 성장의 든든한 밑거름이 되기를 간절히 열망할 뿐이다. 우리와 더불어 그런 꿈을 갖는 이가 점점 많아져 그 꿈이 현실이 되기를 간절히 바라는 마음이다.

책 한 권으로 써도 모자랄 사연

"솔직히 일반 학교가 지옥이었다면 여긴 천국이죠."
"은여울은 어떤 곳이냐면
제 삶을 바꿔준 곳, 그렇게 생각하죠."

학생이 학교에 적응이 어렵다는 건 어떤 상태일까? 산만해서 수업시간에 집중하지 못하거나 친구들과 다툼이 잦다거나 충동성이 높고 과잉 또는 폭력 행동을 하는 경우일 것이다. 또 학교에 등교하지 못하거나 학교에 와도 아무것도 하지 않는 무기력의 상태이거나 비 자살성 자해의 징후들을 보이는 등 다양한 이유일 것이다.

은여울은 학교에서 적응이 어려운 학생을 대상으로 하는 치유·성장 대안학교이다. 위에 열거된 학교적응의 어려움 이외에도 은여울에 손을 내미는 학생들의 이유는 다양하다.

"온라인 클래스 때문에 방학이 길고 온라인 클래스 줌 수업을 하다 보니까 숙제가 쌓이는 거예요. 전 숙제가 도저히 하기 싫은데 엄마가 강제로 하라고 해서 맞으면서까지 했거든요. 내가 왜 맞아가면서 숙제를 해야 되냐 라는 생각이 들어서 일단은 교장, 이사장 어딨어? 저기 이사장 어딨어? 라고 부르다가…

(…중략…)

그냥 자살해버리려고 문 열고 나가려고 했거든요. 솔직히 그냥 난간에서 뛰어내리려고 했어요. 근데 생각해보니까 지금 죽으면 너무 억울한 거예요…."

은여울에는 입학제도도 있지만 위탁과정을 거쳐 전입이 되는 경우도 있다. 학교에서 어려움이 있을 때 학생, 학부모, 교사가 은여울에 위탁과정을 의뢰하면 면접과정을 거쳐 짧게는 한 달 길게는 두세 달 검토한 후 은여울에 적합하다고 판단될 경우 전입이 된다.

영수가 그랬다. 학교에서 폭력적인 행동을 하고 자살하겠다고 하며 경찰을 부르는 등 교사와도 갈등이 심한 상태로 면접에 참여했다. 학생은 자기 마음을 아무도 몰라준다며 답답함을 호소하고 있었고 어머니는 더 이상 학생을 어떻게 교육해야 할지 모르겠다며 매우 지치고 자포자기한 모습이었다.

"그게 막 때처럼 나오는 게 아니고 피부 껍질이 약간 나오고 막 진물이 나오기 시작한 거예요. 근데 처음엔 아프지도 않았어요. 점점 하다 보니까 아프진 않고 오히려, 갑자기 기분이 묘해지는 거예요. 씨발 모르겠다고요. 그냥 반항심에 뭐 긁고 이렇게 막 여기도 긁고 하다가 목 뒤에 목 뒤를 막 긁고 했어요. 그냥 대놓고 자해를…."

영수는 위센터로 병원으로 청소년 폭력 예방 교육 단체로 여기저기 다녔지만 나아지지 않았다. 엄마랑 떨어져 지낼 수 있는 기숙학교라는 단순한 이유로 은여울에 지원하게 되었고 위탁과정이 시작되었다.

주말에 집에서 용돈과 컴퓨터 게임 등으로 갈등이 있을 땐 시간을 막론하고 새벽에도 전화를 했다. 소리를 지르며 엄마에 대한 불만을 욕을 섞어가며 울부짖었다. 한참을 욕을 듣다 보면 잠잠해지는 순간이 온다. "영수야, 엄청 억울하고 화가 나고 지금 분한 마음인 것 같네. 너를 이해하고 싶어. 그런데 그렇게 말하면 선생님이 못 알아들어서 이해하기가 힘드네.

숨을 크게 쉬고 천천히 무슨 일인지 말해봐." 마치 유치원 학생이 억울한 일을 당하여 엄마에게 이를 때처럼 중간중간 말을 못 잇고 훌쩍거리며 이야기를 했다.

학생들이 하는 행동에는 반드시 이유가 있다. 교사는 학생들의 폭력적인 행동 너머를 볼 수 있는 마음이 있어야 하고 노력이 필요하다. 영수는 자신의 마음이 어떤지 표현하는데 서툴렀다. 내가 하고 싶은 일을 못 하게 되었을 때 무작정 화를 냈다. 화나고 억울한 자신의 마음을 살펴주지 않고 규칙이나 규율을 이야기할 때 자신을 거부한다고 느끼며 분노가 폭발했다. 마음과 감정을 먼저 살피고 충분히 공감해 주어야 한다. 온 마음을 다하여 학생을 공감하고 난 후에야 비로소 엄마를 이해할 마음이 돋아나고 다음엔 어떻게 할 것인지 다짐이 가능하다.

이유를 세심하게 물어봐 주고 충분히 그럴 수 있다고 지지해주어야 한다. 다짐을 했지만 이해받고 있지 못하다는 상황은 또 있을 것이며 부정적인 행동들은 반복될 수 있다. 그럴 때 어떤 대안이 있을지 학생과 이야기 나누고 방법을 함께 찾아주는 것이 중요하다. 단번에 되는 것은 없다. 어렵지만 노력하면 또 할 수 있다는 희망을 주어야 한다. 학생이 노력하고 있는 부분에 대한 격려도 필요하다. 실패할 땐 다시 결심하고 노력하면 된다.

은여울에 온 학생들이 공통적으로 호소하는 것은 '나의 말을 들어주는 사람이 아무도 없다'는 것이며 '내 마음도 모르고 잔소리만 한다'는 것이다. 규칙과 규율을 설명할 때 그것을 이해하고 받아들이기보다는 '나를 거부하고 거절한다'는 느낌을 먼저 받는다는 것이다. 자신에 대한 이해가 없고 주변에서 받은 지속적인 부정적 비난과 지적으로 낮아진 자존감은 학생들이 자신이 사랑받아 마땅한 존재라고 생각하기 어렵게 만든다.

은여울에 온 학생들은 내가 존중받는 느낌이 어떤 것이라는 걸 감각적으로 알게 된다. 아무리 바쁜 일이 있어도 학생이 내 옆에 오면 나는 하던 일을 멈추고 눈을 마주치며 무슨 일이 있는지 이야기한다. 선생님들과 회의 중일 때도 회의를 잠깐 멈추고 급한 일인지 물어보고 선생님들이 중요한 회의 중인데 잠시 후에 이야기해도 되는지 의견을 묻는다. 학생이 선생님과 이야기하고 있을 때 급하게 대화를 중단할 필요가 있을 때는 학생에게 먼저 양해를 구한다.

가을 어느 날 학생들이 체험학습을 가는 날었다. 작은 에피소드는 나도 학생을 어떻게 대해야 하는지를 성찰하게 했다.

사진 찍고 싶으면 학교 디카를 빌려줄까?

등교와 동시에 핸드폰을 제출하지만 체험활동이 있는 날에는 학생들이 사진도 찍으며 학습에 도움을 주고자 핸드폰이 주어진다.

역사문화탐방을 떠나는 날이다. 며칠 전 위탁을 온 학생의 핸드폰이 분실되었다. 월요일 아침에 등교하여 제출했다는데 기숙사에도 담임 선생님한테도 없다. 출발준비가 끝난 차를 세워두고 학생의 핸드폰을 찾는다. 기숙사로 교무실로 있을만한 곳을 찾아보았지만 없다.

학생에게 다가간 교감선생님이 자세히 설명한다.

"학교 어디에 잘 있을 거야. 걱정하지 말고 다녀오고 혹시 분실되었다면 학교에서 변상해줄테니 염려하지 마. 그리고 사진 찍고 싶으면 학교 디카를 빌려줄께. 괜찮니?"

교감선생님은 핸드폰을 잃어버린 것만 같아 불안하고 속상하고 황당하고 짜증스런 학생의 마음을 고스란히 공감해주었다. 특히 모두가 핸드폰을 들고 사진을 찍을 때 우두커니 서서 있을 학생을 걱정하며 도와줄 수 있다고도 했다. "아니 갔다와서 찾아준다고 하면 되지. 벌써 출발 예정시간이 10분이나 지났고 뒤에 일정이 다 있는데 지금 뭐하는 거야 이게."

역사탐방을 기획하신 선생님께서 화를 내셨다. 자신이 기획한 행사가 매끄럽고 일사분란하게 이루어지지 않음을 걱정하며 한 학생 때문에 학생과 교사 50여 명이 기다린다는 것을 납득할 수 없었던 것이다. 그러나 학생은 그 순간 자신이 존중받고 있다고 느꼈을 것이며 주위환경이 안전하다 느꼈을 것이다. 자신의 물건을 잘 챙겨야 하고 나로 인하여 공동체 전체가 어떤 불편함을 겪었는지는 체험학습을 다녀온 다음에 지도해도 늦지 않다.

주변에 있던 학생들뿐만 아니라 교사들도 교감선생님이 하는 행동을 보고 사람을 어떻게 소중하게 대해야 하는지를 배웠을 것이다.

은여울에서는 모든 선생님들이 기다리기를 반복하고 학생을 개별적인 존재로 인식하고 정성을 다하고자 노력한다. 그런 은여울의 힘들이 학생들의 마음을 열게 하고 자신을 사랑하게 하며 새로 시작할 힘을 준다.

"일단 다 공감을 해주고 수용을 해주셨어요. 근데 잘못한 건 확실히 다 말해주는데도 기분이 안 나빠요. 왜냐하면 다 맞는 말만 하시다 보니까. 기분은 묘한데 혼난 것 같은 기분이 들어야 하는데 혼난 것 같은 기분이 아니라 진짜 말 그대로 도움말을 들은 기분이 들어요. 저한테 그렇게 느껴져요."

교사의 기다림과 따뜻함 속에서 안전하다는 마음이 생기면 학생들은 단호한 교사의 말을 받아들이고 노력하는 순간이 온다.

영수는 은여울을 이렇게 기억하고 있었다.

"솔직히 저도 엄마 상황을 알아버려서 엄마한테 괜히 그전에 했던 일들이 너무 미안하더라고요." "은여울 오기 전에는 그냥 미친 놈. 그냥 한마디로 그냥 그렇게 말할 수 있고 은여울 와서는 사람 된 놈." "솔직히 일반 학교가 지옥이었다면 여긴 천국이죠." "은여울은 어떤 곳이냐면 제 삶을 바꿔준 곳, 그렇게 생각하죠. 제 삶을 올바른 길로 인도해 준 거나 마찬가지니까 그렇게 생각이 들죠."

다구리 까기, 참도움

"나는 다른 사람 앞에서
나를 똑바로 볼 수 있어야 합니다… 나는 있는 그대로
참된 내 모습을 똑바로 볼 수 있습니다…"

일선 학교에서 적응의 어려움을 겪는 학생들이 오는 학교이다 보니 은여울은 학생들이 공립학교에서 갈 수 있는 마지막 마지노선이라는 생각이 들 때가 있다. 강제 전학이 있지도 않으며 벌점제도도 없다. 그러나 크고 작은 문제는 끊임없이 일어난다. 문제가 발생하는 위기의 순간이 언제나 학생을 성장과 배움으로 이끌 수 있는 기회라 생각한다. 반복될 때는 또 그만큼의 기회가 주어졌다고 생각한다.

은여울에서 학생의 성장을 방해하는 행동의 기준은 세 가지이다. 나에게 해가 되는 행동, 다른 사람에게 해가 되는 행동, 공동체에 해가 되는 행동을 하는 경우이다. 성장에 방해가 되는 행동을 지속적으로 할 때 은여울만의 독특한 시스템 '참도움'이라는 것을 한다. 참도움은 학생의 마음을 깊이 공감하고 수용하는 1단계부터 책임지는 행동이 주어지는 위기 참도움까지 있다. 선생님 두세 명과 동급생 또는 선배들이 참여하여 공감도 하며 성장을 위한 도움말을 준다. 학생은 그것을 통하여 위로를 받기도 하며 자신을 이해하기도 한다. 더 나아가 자신의 모습을 성찰하기도 하며 변화하고 성장한다. 학생들은 책임이 주어지는 위기 참도움을 '다구리 까기' 라고도 한다. 참도움에서 마음이 어떤지, 생각과 이유를 묻는 것에 질색을 한다. 그냥 벌점 맞고 출석정지를 받는게 낫겠다고도 한다. 책상도 없이 무릎을 내보이며 동그랗게 앉아 자신의 솔직한 속마음을 내어놓고 끊임없이 자신을 살피며 이야기해야 하는 것이 쉽지 않다.

참도움을 진행하다보면 학생이 준비될 때까지 침묵을 견뎌야 할 때도 있다. 가운데 탁자에 다리를 올려 놓고 몇분씩 힘겨루기를 하며 시위를 하기도 한다. 더 이상 참을 수 없다는 생각이 들면 문을 박차고 나가기도 한다. 나가는 학생의 뒷모습에 대고 "이 자리에서 10분 기다리고 있을게. 마음 정리되면 다시 들어 와." 10분이 지난 후 다시 그 자리에 와서 앉기도 하지만 돌아오지 않기도 한다.

이야기가 진전이 안 되고 제 자리를 맴맴 돌 때는 답답하기도 하다. 빨리 답을 가르쳐 주고 끝내고 싶기도 하다. 그런 조바심이 일어나면 결국 학생이 듣지도 않는 잔소리를 퍼붓고 만다. 그렇게 되면 앞에 앉아있는 학생은 멍한 눈빛으로 듣는 둥 마는 둥 그 자리가 빨리 끝나기를 바라며 영혼 없는 대답을 한다.

이곳에서 나가기 위해서는 원하는 대답을 해주어야 한다는 걸 아는 것이다.

마음 깊숙이 숨겨 놓은 마주하고 싶지 않은 학생 자신의 모습, 자신도 미처 몰랐던 모습들을 조심스럽게 찾아 들어가야 한다. 때로는 직면하고 싶지 않은 부끄러운 모습을 들켜 쌩하고 돌아앉아 버리기도 한다. 학생이 수치심을 느끼지 않고 자신의 모습을 드러낼 수 있도록 하고 그 모습을 있는 그대로 이해하며 위로할 수 있어야 한다. 힘들고 어렵지만 이런 과정의 반복을 통하여 변화한다. 따뜻한 이해를 받고 눈물 한 바가지를 쏟기도 하며 속이 시원해졌다고도 한다.

"솔직히 막 성장하라고 해서 성장되는 거 아니잖아요. 근데 여기는 바뀔 수 있는 환경을 만들어 주는 것 같아요. 믿어주니까 멋대로 하기도 그렇고… 저요~ 엄청난 거 보다는 그냥 절 믿어주는 거 그게 제일 고마웠고 그게 지금까지 안 나가고 여기 있게 한 것 같아요."

"일단 내 자신을 일으켜 세워야겠다고 마음이 들자 참도움이 번뜩 생각났어요. 참도움에서 선생님들이 해주셨던 얘기를 지금도 기억하고 실천하고 있거든요."

"참도움은 여러 선생님들이 머리를 맞대고 나의 행동을 변화시키기 위해 이렇게 노력해주시는구나에 대한 고마움이 느껴지는 시간이며 자신이 뭘 잘못했는지 알게 하고 거기에서 성찰을 하니까 정답을 찾을 수 있었어요."

"참도움을 통해 엄마를 이해하게 되었고 엄마와의 관계를 회복하는 계기가 되었어요."

"그러니까 이게 뭐가 됐든지 그냥 내 자신이 뭐지? 라고 계속 물음표만 있었어요. 그런데 선생님들이 나에 대해 막 찾아주시니까 나 자신한테 집중해야 하고 나 자신을 알아야 된다는 걸 그때 딱 안 거죠. 정말 갓 걸음마 떼는 것처럼…."

위기 참도움 이후에는 책임지는 행동이 주어진다. 책임지는 행동은 교육과정의 일환으로 이루어진다. 경험학습이 그것인데 학교로부터 왕복 12킬로 떨어진 진천 농다리를 교사와 둘

이서 걸어서 다녀온다. 걸어가면서 자신의 이야기도 하고 행동에 대한 도움말도 듣고 서로에게 집중하는 시간을 갖는다. 여름 땡볕을 견디며 가기도 하고 추운 눈보라를 헤치며 가기도 한다. "우리 때문에 선생님들은 무슨 잘못이에요. 죄송해요."라는 이야기를 듣기도 하며 평소에 몰랐던 다정한 모습을 보기도 한다.

처벌에 익숙한 학생들에게 다소 낯선 책임 행동이 새롭게 일어설 수 있는 용기를 주는 기회가 되기를 바란다. 경험학습을 다녀온 후에는 자신이 느낀 점, 앞으로의 다짐글 등을 써서 공동체 앞에서 나눔을 한다. 학생들이 경험학습을 가는 것보다, 쓰고 발표하는 나눔을 더 싫어하는 이유는 창피하기(학생들은 쪽팔림이라고 한다) 때문이지만 그건 자신과 공동체 전체에 약속하는 일종의 선언이다.

"나는 다른 사람 앞에서 나를 똑바로 볼 수 있어야 합니다… 나는 있는 그대로 참된 내 모습을 똑바로 볼 수 있습니다… 내 자신과 다른 사람들에게 더 좋은 사람이 될 것입니다."

은여울 성장공동체 철학의 한 구절처럼 말이다.

회복으로 가는 길

"아오 쌤~ 집에 가면 자꾸 말을 걸어요.
어색해 죽겠어요.
도대체 부모교육에서 뭘 하는 거예요?"

지수가 엉엉 울던 봄을 기억한다. 그때 지수는 다른 어떤 이유보다 남학생한테 머리채를 잡혔다는 것에 분노했다. 주먹으로 맞아 왼쪽 눈두덩이 많이 부어있었다. 얼음찜질을 해야 했지만 한사코 거부하며 한동안 울기만 했다.

"옛날에 그놈한테 머리채 잡히고 삭발 후 간신히 이만큼 기른 건데, 다시는 머리 못 기르겠어요. 엉엉." 지수는 부운 눈두덩보다 손에 잡힐 정도로 머리카락을 길렀다는 것이 원통한 것처럼 이야기했다. 어린 시절부터 아버지의 폭력에 시달려오다가 중학교 1학년 때 경찰에 신고를 한 후부터 마음의 문을 닫았다. 그 후 학교에도 가지 않고 자신의 방에서 2년을 보냈다. 은여울이 개교한다는 소식을 듣고 겨우 삭발된 머리를 기르기 시작했다고 했다. 면접에서 만난 지수의 자존감은 매우 낮아 스스로를 가치 없는 사람으로 여기고 있었다.

자신은 아무것도 좋아하는 것이 없고 하고 싶은 것도 없다며 무기력함을 드러냈다. 두려움이 가득한 눈빛이었다. 두 살 아래 후배들과 같은 학년이 되어야 한다는 것과 2년 동안 방 안에서 생활하며 급격히 늘어난 체중 때문에 용기가 필요하다고 했다. 그러나 아버지와 떨어져 지낼 수 있고, 자신이 하고 싶은 것들을 경험할 수 있는 대안학교이니 다녀보겠다는 결심을 하고 입학을 하게 되었다.

"지까짓게 뭔데 후배들한테 왕처럼 구냐구요. 여자애들한테 함부로 하지 말라고 좋게 이야기했어요. 그런데 그게 잘못이에요? 그 새끼가 먼저 때렸어요." 지수는 2학년이지만 이미 3학년들보다 한 살이 많았다. 평소에는 동급생들과 반말을 하며 지냈지만, 자신을 무시하거나 여학생들한테 함부로 대하는 남학생들을 보면 화를 냈다. "마음 같아서는 한 대 때리고 같이 붙고 싶지만 나잇값도 못한다고 할까 봐요. 가뜩이나 참고 있는데 그 새끼가 먼저 성질을 건드렸다구요." 오랫동안 울음을 그치지 않았으며 자신을 때린 아버지와 3학년 남학생을 동일시하여 심한 욕설을 하며 분노를 드러냈다. 등을 두드려주고 하는 말에 귀 기울여 들어주며 그동안 힘들었을 지수를 안타까워하는 것 외에 내가 할 수 있는 것은 없었다. 한참을 울고 난 지수는 친구들에게 가보겠다고 했다. 그 자리에 함께 있었던 여자 친구들이 자신들 때문에 벌어진 일이라고 자책하고 있을 것이라고 했다.

결국 어머니가 오셔서 집으로 가는 것으로 그날 하루가 마무리되었다.

사랑으로 학생을 보호하고 양육해야 하는 아버지가 자신을 무시하며 모욕을 주고 폭력을 행사할 때 학생은 어떤 마음이 들까? 어린 시기 존중받지 못한 학생들의 부정적 경험은 세상에 대한 두려움이나 무력감으로 나타나기도 하고 어떤 경우엔 분노로 드러나기도 한다. 지수는 그 세 가지를 동시에 가지고 있었다.

은여울에서는 부모교육을 실시한다. 학기별 10회 참석을 의무화하고 있다. 만약 참석하지 못할 때는 상담이나 외부 연계 교육을 받아야 한다. 먼 거리였지만 지수 부모님도 열심히 참석하셨다.

"아오 쌤~ 집에 가면 자꾸 말을 걸어요. 어색해 죽겠어요. 도대체 부모교육에서 뭘 하는 거예요?" 어느 월요일 집을 다녀온 지수가 했던 말이었다. 아버지라는 호칭은 쓰지 않았지만 욕은 빠져있었다. 자꾸 말을 건다는 것이 어색하다고 했지만, 지수 말 속에는 아버지에 대한 기대가 있었다.

그해 10월 가족캠프가 열렸다. 원탁에 부모님과 함께 앉아있는 지수는 어색해 보였다. "아버지가 그림 그리는 것 처음 봤어요. 그림을 생각보다 잘 그리셔서 신기했어요." 가족이 함께 그림을 그리고 의미를 설명하는 가족공동화 미술 활동 후 지수가 했던 말이다. 지수에게서 아버지라는 말을 처음 들었던 날이었다. 지수의 마음이 열리며, 조금씩 화해의 물꼬가 트이고 있었다.

한해가 지나고 지수는 3학년이 되었다. 어버이날을 맞아 아버지에게 금연 건강편지를 써보는 수업이 진행되었다. 지수는 흔쾌히 펜을 들었다.

"안녕? 두 번째 편지야. 이 편지는 어버이날 기념 편지면서 또 하나로는 건강 편지이기도 해. 나와 같이 살고 지낸 날이 벌써 19년째고 앞으로도 더 많은 날이 기다리겠지. 근데 신기한 것이 사람은 변화하는 동물인데 막상 보면 티가 잘 나지 않아 모르겠더라고. 예를 들면 작년의 나는 늦은 밤까지 자지 않아도 거뜬했거든? 올해는 버티질 못해. 이게 좋은 변화는 아니어도 사람은 나쁘던 좋던 멈추지 않고 변화해. 난 이 경험을 앞으로 같이 지내며 사는 동안 엄마와 아빠와 같이 겪겠지. 더 많은 변화를 위해서라도 결국은 서로가 필요할 거야. 만약 내가 없어진다면 빈자리가 크게 느껴지는 것처럼 둘에게는 그런 일이 없었으면 좋겠어. 그러기 위해서는 무엇보다 서로의 건강인 것 같아. 결국은 내가 건강해야 무슨 일이든지 할 수 있는 것이라 생각해. 남을 돌보고 자신도 돌볼 수 있으니까.

(…하략…)"

엄마 아빠의 건강을 걱정하는 숨겨진 마음들이 언뜻언뜻 드러나는 편지가 따뜻하면서도 아프다.

여전히 오랫동안 쌓인 분노와 좌절을 어쩌지 못해 몸 구석 구석 피어싱을 하고, 일주일 단위로 머리염색을 바꾸는 지수지만 메마른 가슴이 서서히 젖어오고 있음을 본다.

편지와 카네이션 상자를 드리고 엄마 아빠의 답장을 영상으로 받아오라는 미션을 지수는 과연 해 올까? 숙제를 핑계 삼아 한 발 더 회복에 가까워지길 바라본다.

우리가 스승의 날을 보내는 법

손편지와 함께 꽃을 전달하며
선생님들 앞에서 큰절을 했지?
그건 어떤 의미였을까?

학생들이 컸다.

학생자치가 이루어지며 서툴지만, 학생들의 마음이 담뿍 담긴 고마움의 시간이 선물처럼 왔다.

학생들은 스승의 날이 무슨 날인지 잘 알고 있었다. 학생들의 마음이 고스란히 전달되는 따뜻하고 고맙고 행복한 시간이었다.

완성도 있게 잘하는 것보다 과정 속에 누구도 차별받지 않는 민주적인 방법들을 생각해내고, 화려하지 않지만 정성과 사랑과 존경과 감사의 마음이 고스란히 담겨진 시간으로 만들어 냈다.

은여울에 사는 우리 멋진 학생들에게

레드카펫을 깔고 꽃들을 뿌리며 선생님들의 이름을 부르고 입장시켜 오늘의 주인공으로 만들어 주었어.

정말 으쓱해지며 존중받는 느낌이었지.

새로미들을 아침모임 진행자로 세웠더라.

그들이 용기를 낼 수 있도록 선배들이 옆을 지켜주면서.

기특했어. 그것이 선생님들께 더 감동이 될 수 있다는 건 또 어떻게 알아차린 거지? 새로미들의 다짐이 보이고 선생님들의 기다림의 교육 철학에 확신을 주는 멋진 기획이었어.

일주일 전부터 마니또를 뽑고 선생님을 기쁘고 행복하게 하기 위해 각자의 방식으로 노력했다며?

자주 자리를 비우고 참도움에 들어가면 두어 시간씩 자취를 감추는 나를 위해 민경이는 매점 물품들을 슬쩍 가져다 놓았다더라.

당이 부족할 때, 목이 마를 때, 배가 고플 때, 누가 가져다 놓

은지도 모르고 맛있게 먹었는데, 고맙다. 민경아^^

무엇을 어떻게 해야 할지 고민하고 슬쩍 사랑을 표현했을 그 마음을 생각하니 눈물이 나.

꾹꾹 정성을 담아 감사와 사랑을 표현한 손편지.

미디어 시대를 살아가는 너희들에게 쉽지 않을텐데 어느 곳에선가 선생님을 생각하고 쓰고 있었을 너희들을 생각하니 진짜 감동이더라.

손편지와 함께 꽃을 전달하며 선생님들 앞에서 큰절을 했지?

그건 어떤 의미였을까?

더디게 가고 있어도 조금만 더 기다려달라고?

이만큼 성장한 것은 선생님 덕분이라고?

앞으로 더 노력해보겠다고?

지금 행복하다고?

뭐든 다 좋아.

선생님도 맞절하며 고마움과 응원의 마음을 전했어.

선생님들께 함부로 하거나 욕을 하거나 수업시간에 잘 들어가지 않는 행동들을 스스로 반성하며 다짐하는 모습들은 선생님에게 희망을 선물하는 시간이었어.

사랑이 담뿍 담긴 '어느 교사의 기도'를 모티브한 수안이의 시 "어느 학생의 기도"를 낭독할 때는 낭만이 살아있고 선생님이어서 행복하다 생각되었어.

마지막엔 서로서로 손잡고 포크댄스를 추며 파트너를 바꿔가며 너희들에게 '사랑해'를 크게 말해 줄 수 있어서 또 좋았지.

여울빵친들이 직접 구운 카네이션 컵케잌과 쿠키 달달한 디저트까지….

너네 진짜 뭐야. 이렇게 완벽할 수 있는 거니?

얘들아~~

세계 어느 교사 부럽지 않은,

나는 은여울 선생님이다.^^

선생님들이 하고 있는 일들이 가치있고 행복한 일임을 알게 해주고, 가르치는 일이 자랑스러운 일임을 느끼게 해주어 고맙다.

나도 너희들이 은여울에서 저마다의 빛깔로 행복하게 살아갈 수 있도록 늘 곁에 함께 서 있을게.

은여울에 사는 현아쌤이.

은여울이 이별하는 방법

사람을 맞이하는 것만큼 사람을 보내는 일도 중요하다.
우리 모두는 은여울 공동체 안에서
이별의 방법을 배워가고 있다.

"언제 다시 올 수 있어요?"
"몇 명이나 대기하고 있는 건데요?"

학생은 잘 이해하지 못했다.

몇번을 반복해서 설명했지만 은여울을 떠나기 싫은 마음, 은여울에 있고 싶은 간절한 마음뿐. 다른 것은 보이지도 들리지도 않는 듯했다.

치유와 돌봄의 학교라고 하지만, 특수교육과정과는 다르다. 특수교육과정에 따른 개별화 맞춤 교육이 불가능하다. 특수교육을 전공한 교사도 없다.

학생의 엄마는 소근육 발달과 집중을 위해 바느질을 가르쳤다고도 했으며, 유도, 클라이밍도 가르쳤다고 했다.

하지만 위탁과정 면접 말미에 "초등학교 2학년 때부터 구구단을 가르쳤는데 아직도 못해요."라고 말했다. 내가 낳은 아이가 지적능력이 부족한 '느린학습자'라는 것을 엄마가 받아들이기에는 버거웠을 것이다.

대소변가리기, 받아쓰기, 덧셈 뺄셈, 구구단 외우기 등을 완수해야 할 시기에 제대로 못하는 것을 지켜보는 엄마의 마음은 어땠을까?

엄마로서 무언가를 더해주어야 한다는 책임감에 시달리기도 했을 것이다. 평범이라고 하는 범위에서 하위수준에 있다는 것을 인정하기에 자존심이 허락하지 않았을 수도 있다.

친구들과 어울리지 못하고 잦은 갈등이 일어나고 그로 인하여 담임선생님으로부터 전화도 몇번 받았을 것이다. 사회성이 떨어져서, 성격이 내성적이라 걱정이라며 상담도 받았을 것이다. 모성애를 앞세워 인내하며 학생을 끊임없이 가르치고자 했을 것이다.

"선생님 보시기에도 우리 아이가 이 정도인가요?"

"셈하기, 읽기, 쓰기가 초등학교 3학년 수준에도 못 미쳐요.

어머니는 말을 안 듣고 욕을 한다고 용돈을 깎았지만 학생은 자신의 행동으로 인한 책임을 이해하지 못해요. 어머니가 용돈을 깎았다는 것이 화가 날 뿐이지요."

학생의 상태를 받아들이고 이제라도 학생에게 맞는 교육을 받게 했으면 좋겠다는 나의 말이 야속하게 들렸을 것이다.

자신의 상황을 잘 이해하지 못하는 학생에게 은여울 위탁이 취소되어 돌아가야 한다는 설명을 하는 것은 어려운 일이다.

"민수야, 은여울에서 지냈던 것처럼 화가 나면 왜 화가 나는지 이유를 설명해. 그리고 어떻게 하고 싶은지 요청하면 너의 말을 들어주는 사람이 주변에 꼭 있을 거야."

엄마와 갈등이 잦아 주말이면 새벽에 전화를 해서 집 나왔다고 하며 친구 집에서 자겠다고 하는 학생.

엄마가 차비를 안 줘서 학교에 못 간다는 학생.

용돈을 오천 원으로 깎아서 화가 난다는 학생.

그런 학생을 돌려보내는 것은 안타까운 일이다.

밤새 마음이 심란했다.

민수가 은여울에서 보내는 마지막 날, 아침모임이 시작되었다. 남학생들을 중심으로 누가 시키지도 않았는데 작은 이별식이 시작되었다.

후배로서 잘 따라줘서 고맙다는 말.

싸워서 미안하다는 말.

돌아간 곳에서도 은여울에서처럼 잘 지내라는 당부의 말.

또 다시 만나자는 기약의 말….

꾹꾹 눌러 쓴 손편지까지 전달이 되었다.

민수는 그것들을 묵묵히 바라보다가 한마디 했다.

"은여울 사랑해요."

학생들의 따뜻함이 나에게 전해지며 민수를 보내야만 하는 무거운 마음이 조금은 가벼워졌다.

민수에게도 이별의 작은 의식이 힘이 되었을까?

은여울 공동체 안에서도 새로운 사람을 맞이하고 보내는 일이 있다.

학생들은 만남과 헤어짐을 받아들이며 맞이하고 보내는 방법들을 자연스럽게 배워간다.

함께 있는 동안 존중하며 서로를 살리는 일.

사람을 만나는 일에 최선을 다하기.

고맙고 미안한 마음들을 아낌없이 표현하기.

사람을 맞이하는 것만큼 사람을 보내는 일도 중요하다. 우리 모두는 은여울 공동체 안에서 이별의 방법을 배워가고 있다.

민수야, 은여울에서의 따뜻함이 너에게 힘이 되기를 바란다.

길 위에서 만난 위로

울컥 울컥….
이게 뭐야. 왜 눈물이 나냐고….
우린 비로소 간절한 존재로 만났다.

설렜다.

'파란 하늘 아래 볼을 간지럽히는 봄바람을 가르며 무어라 표현하기 어려운 색을 띤 동해 바닷길을 걷고 있을 거야.

왼발 오른발 발을 맞춰 가며 살아온 이야기를 할 거야.

많이 듣고 위로하며 아이들에게 대견하다 말해줘야지.'

그렇게 금요일 오후 학교를 출발했다.

환청과 환시로 시달렸다는 학생.

상상조차 어려운 집단폭행으로 자신을 잃어버린 학생.

답답한 엄마의 틀 안에서 숨 쉬기조차 힘들었던 학생.

세상에서 제일 미운 엄마를 사실 사랑하고 있는 자신을 받아들이기 어려웠다는 학생.

상대가 주는 칭찬이 없으면 스스로 존재하지 못하는 학생.

옆에 둘 친구가 한 명도 없었던 학생.

보호받아 마땅한 가족으로부터 수많은 상처를 받은 학생.

온종일 걷고 들어온 학생들을 금요일 저녁에 만났다.

학생들의 이야기를 듣다가 눈물이 날 것 같아 피곤하다는 핑계로 엎드렸다.

가슴이 뻐근하니 아프다. 가만히 두 손을 가슴 밑으로 넣어도 통증이 사라지지 않는다.

인숙이가 엎드린 내 등 위에 올라탔다.

아….

한결 낫다.

토요일 아침, 눈이 내리고 춥다.

빵과 스프로 점심까지 버틸 수 있을까.

판초를 입는 학생들을 따라 나도 우비를 걸쳤다.

시작이다.

비록 날씨는 사나웠지만 나쁘지 않다. 우린 같이 걸을 테니까..

혜정이가 점점 걸음이 늦어진다. 발목이 아프다고 한다.

"점점 안 보여요. 우리가 뒤에 있는지 모르나 봐요."

잊혀지는 건 두려운 일이다.

"괜찮아. 우린 둘이고 자신의 속도에 맞추면 돼."

혜정에게 언제쯤이면 은여울 공동체에 대한 믿음이 생길까?

눈과 비가 섞인 거리를 두런두런 이야기를 하며 걸었다.

"3일째 되는 날 하루 쉬었는데 후회가 되었어요. 그래서 힘들어도 걸어야겠다고 생각했어요."

"힘들어서 쉬었는데 후회가 됐구나."

"애들은 다 걷는데 저 혼자만 쉬니까 좀 그랬어요."

"음, 자신의 속도에 맞추면 돼."

혜정에게 스스로 존재하면 된다고 말했다.

순간 나는 이 순간에 나로 존재하는가? 존재와 존재로 만나 걷고 있는가? 자문한다.

누군가에게 힘이 되는 존재가 되고 싶은 건 착각과 오만일지 모른다.

점심 선택은 탁월했다.

냉이된장국과 소머리국밥. 공교롭게도 식당 이름이 황소식당이다. 먹고 나면 황소처럼 힘을 낼 수 있을까? 두 장의 지도를 살펴보니 아직 한 장의 길이 끝나지 않았다. 날씨는 여전히 험상궂다. 비와 눈, 진눈깨비 그리고 바람.

신발과 양말이 대부분 젖었다.

후드티를 입은 혜정이는 판초 속으로 옷이 다 젖었다. 파스를 뿌려 주겠다고 하니 일어나기가 어렵단다.

걸을 수 있을까?

찌걱거리는 소리를 내는 신발을 신고 또 걷는다.

서로 말이 없다.

"힘내. 조금만 더 가면 돼. 할 수 있어!"

그런 말이 얼마나 공허하고 사치스러운 말인지 깨닫는다.

그저 보폭을 맞추며 찌걱거리는 소리를 내며 걷는다.

바짓가랑이를 다 적시고 신발을 끌며 간신히 걷는 혜정이의 모습이 가슴을 울린다.

울컥 울컥….

이게 뭐야. 왜 눈물이 나냐고….

우린 비로소 간절한 존재로 만났다.

말하지 않아도 서로의 존재가 위로가 되는 순간….

내일은 학생들이 9박 10일의 일정을 마치고 돌아오는 날이다.

꼭 안아줘야겠다.

샌즈스쿨의 따뜻한 기억

아무리 좋은 프로그램과 컨텐츠를 가져온다고 하더라도
교육이 무엇인지에 대한 근본적인 물음에
치열한 고민 없이는 모래 위의 성일 뿐이다.

3일을 혼자서 학교에 간 학생은 몹시 힘들어 했다. 혼자서 무엇인가를 찾아서 하며 학생들과 어울렸으면 하는 바람이었다.

언어조차도 낯선 곳에서 하루 종일 지낸다는 것이 쉬운 일은 아닐 것이다. 언어가 자유롭지 못하고, 긴장과 스트레스의 연속이지만, 그래도 학교에 가지 않겠다는 이야기는 한 번도 하지 않았다. 자신의 수준에서 최선을 다한 학생을 격려했다.

오늘이 마지막이라는 것이 학생을 긴장에서 놓여나게 했고 비로소 나에게도 말문을 열었다.

자신감도 없고 긴장하고 위축되어 있고 언어장벽으로 상황 파악이 잘 되지 않는 학생에게 이 시간은 어떤 의미였을까? 뭔가 의미를 찾았으면 하고 조바심이 나는 것은 내 마음일 뿐이다. 학생은 그냥 또 자신으로 제 몫을 다할 뿐이다.

학생이 유일하게 열심히 활동했던 목공시간.

마지막 수업임을 기억하는 목공선생님은 학생에게 힘을 주셨다.

"매우 어려운 과정인데 잘 해냈어. 넌 충분히 할 수 있어. 대단한 아이야. 영어공부를 해서 내년에 다시 와."

학생에게 엄지를 힘껏 치켜 올려 보여주는 선생님에게 참 감사했다.

내일 아침 첫차를 타고 공항으로 가야 하므로 샌즈에는 오늘 마지막 인사를 하기로 했다.

비 오는 거리를 걸어 화사한 국화꽃 한다발을 사고 수도원에 다녀오며 산 크리스마스 카드에 정성스럽게 손편지를 썼다.

비에 젖은 낙엽이 선명한 길을 따라 마지막 샌즈스쿨로 간다.

가는 길에 기품있는 홍차 전문점에 들러 크림티와 클로티드 크림을 얹은 풍미 가득한 스콘도 먹었다. 4일만에 다시 만난 교장선생님은 크게 두팔을 벌려 꼭 안아주신다.

학생들과 선생님들과 인사 나누는 것이 자연스러워졌고 제법 농담도 하고 알아듣기도 훨씬 좋은데 이젠 돌아가야 하는 시간이다.

러브레터라며 크리스마스 카드를 전달하고 꽃도 한다발 안겨 드렸다. 은여울과 영국 샌즈스쿨과의 학생교류를 약속하는 협약서도 소중히 전달했다.

say good bye. seeyou next year. thank you.

두 번의 허그가 이어지고, 그것은 따뜻함을 가슴 한쪽에 각인하는 듯한 느낌이다.

샌즈스쿨 방문은 우리가 학생을 어떻게 대해야 하는지, 진정한 자유란 무엇인지, 교육은 어떠해야 하는지를 생각하게 하는 계기가 되었다.

결국 교육은 컨텐츠나 프로그램이나 다양한 교육방법이 중요한 것이 아니다. 아무리 좋은 프로그램과 컨텐츠를 가져온다고 하더라도 교육이 무엇인지에 대한 근본적인 물음에 치열한 고민 없이는 모래 위의 성일 뿐이다.

학생을 주체로 인정하며 존중하는 민주적인 문화 속에서 끊임없이 배움과 성장을 고민하는 샌즈스쿨 방문은 나에게 교육이 어떠해야 하는지에 대한 답을 고민 해보는 소중한 시간이었다.

그들의 자유 속에 살아있었던 책임감과 질서, 그 책임감과 질서가 전혀 부담스럽거나 억지스럽지 않음, 스스로를 있는 그대로 내보이며 존중받는 모습, 다른 사람이 드러내는 것, 보이는 것에 가르침이나 교육이라는 미명하에 지적하거나 교사 마음대로 고치려고 하지 않는 것.

그래서 모두 존재만으로도 빛날 수 있는 곳.

오랜 시간 동안 한결같은 교육철학으로 그런 모든 것들이 문화로 자리잡은 곳.

영국 데본 주에서 지낸 2주.

내게도 새로운 도전이었으며 또 한번 내 삶을 돌아보고 디자인하는 새로운 시간이 되었다. 그것은 따뜻하고 평화롭기도 했으며 한편 나를 나대로 놓아두고 토닥거린 소중한 시간이었다.

아침 첫차를 타고 18시간 이상의 비행시간을 거쳐 복잡한 일상으로 돌아간다.

삶을 가르치는 교육

백밀러에 비친 학생의 걸어가는
뒷모습을 한참 바라보았다.
'고맙다. 잘 지내줘서.'

"은여울중학교 학생들은 졸업 후에 어디로 진학했어요?"

"고등학교로 진학한 학생들은 잘 적응하고 있어요?"

"다양한 어려움을 가지고 있는 학생들을 한곳에 모아 놓고 교육한다는 것이 과연 교육적으로 얼마나 바람직하고 효과가 있을까요?"

"학생들이 좀 변하기는 하나요?"

2017년 3월에 개교한 은여울중학교는 2019년 2월 총 30여 명의 졸업생을 배출했다. 졸업시즌이 되면 은여울중학교에서 근무하는 내게 지인들은 대부분 학생들의 졸업 후 진로를 궁금해한다. 그 궁금증 속에는 어떤 생각과 감정들이 있을까? '공립 대안학교는 잘 되어 가고 있나? 정규 교과목은 국어, 사회, 역사 밖에 없다던데 고등학교는 어디로 가지? 중학교는 어찌어찌 졸업을 했다지만 고등학교 가서 적응은 잘하나?'

충북 최초 공립 대안중학교로 문을 연 은여울중학교의 의미와 가치, 성과에 대해 궁금해한다. 매번 그런 질문을 받을 때마다 나도 그들에게 뚜렷한 성과를 증명해 보이고 싶은 불안감과 조바심이 생긴다.

"일반 인문계고등학교에서 상위권의 성적을 유지하고 있는 학생도 있고 예고에 진학한 학생, 특성화고에서 열심히 공부에 전념하는 학생도 있어요."

일반적인 정규 교육과정으로 돌아가 학교에 잘 다니고 있다는 것을 증명이라도 해야 하는 것처럼, 그렇게 이야기해야 다른 사람들이 은여울중학교 존재의미를 알아주기라도 할 것처럼 대답을 하곤 했다. 그것이 공립 대안학교의 성과이며 의미인 것처럼 말이다. 그러나 나의 대답 속에는 전문계열 고등학교를 간 학생들이나 진학 후 학교를 그만 둔 학생들은 쉽게

지워지고 없었다. 그들도 은여울에서 소중한 학생들이었는데 말이다

교육법에서 대안학교는 자연친화적이며 공동체적 삶을 전수하려는 교육목표를 학습자 중심의 비정형적 교육과정과 다양한 교수 방법을 추구한다고 정의한다. 기존 교육과 다른 실천 중심의 교육기관을 지향한다. 이를테면 학생과 부모들을 위한 특수한 교수법과 프로그램, 활동, 여건들을 제공하여 새로운 경험을 체험하도록 돕는 것이다. 이와 같은 공립 대안학교의 교육철학 가치와 의미를 감안한다면 단순히 상급학교 진학률이나 진학 후 적응 여부로 단순 비교하는 것이 과연 적절한 것일까?

“저는 나중에 교육감 되어서 다 뜯어 고칠 거예요. 글쎄 다른 것도 아니고 더워서 타이즈를 벗었더니 벌점이래요. 그래서 제가 교장실을 찾아갔죠. 그랬더니 몇 반이냐? 담임 샘이 누구시냐? …. 그런 것만 묻더라구요. 정말 거지 같아요. 아니 어떻게 더워서 타이즈 벗는 게 벌점 받을 일인 거죠?”

“그죠? 샘~ 말도 안 되죠?” “자퇴한다면 최종적으로 교장샘한테 가잖아요. 어디 중학교 나왔냐고 물어서 은여울 나왔다고 하니까 교장샘을 잘 안다고…. 근데 우리 교장샘이랑은 완전 안 닮

았어요. 교감샘도 상담샘도 보건샘도 다 안 닮았어요."

어느 날 졸업 후 학교를 찾은 학생들의 이야기를 들으며, 대안학교 교사로 내가 가르치고자 했던 것은 무엇이었으며 다양한 학생들의 삶에, 대안학교는 어떤 의미였는가를 새롭게 생각하는 계기가 되었다. 두 학생을 만난 5월 어느 날의 일기에 나는 이렇게 적고 있었다.

> 우리는 학생들에게 무엇을 가르쳤는가? 은여울중학교는 학생들에게 어떤 영향을 주었을까? 학생들에게 어떤 의미였을까? 오늘 만난 두 학생들은 부당함을 느끼면 어떤 상황에서든 자신의 생각을 말할 수 있고, 내가 갈 길이 아니라면 과감하게 떨치고 나와 맞설 수 있는 용기를 가졌고, 받은 것들에 대해 감사할 줄 알고, 도움이 필요할 땐 주저 없이 문을 두드릴 줄 아는, 주체적인 삶을 살도록 작은 도움을 주었다는 생각에 보람을 느꼈다. 그래서 다행이고 그래서 행복하고 그래서 감동적인 하루였다.(2018. 5)

결국 대안학교의 의미는 학교 안에서 삶을 살아 낸 학생들의 생생한 이야기로 찾아야 한다는 것을 깨닫는 경험이었다.

나 스스로도 은여울중학교는 졸업한 학생들에게 어떤 의미로 다가갔으며, 어떤 영향을 미쳤는지 궁금해지기 시작했다. 주변의 눈치를 보며 말해지지 않고 지워진 학생들을 다시 살려내고 싶다는 생각이 들었다. 학생들을 만나야겠다. 학생들이 각자 살아내고 말하는 경험들을 통하여 충북 최초 공립 대안학교의 의미를 찾을 수 있겠다는 생각이 들었다.

초록이 무성한 6월 어느 날.

나는 설레는 마음으로 전화를 하고 학생들과 약속을 잡았다.

네 학생들과의 만남

첫 번째 - 세희 이야기

* 일반 인문계 고등학교에 진학했으나 한달 후 자퇴, 일년 동안 각종 아르바이트로 용돈을 벌며 미용학원을 2달 남짓 다닌 후 ○○미용고등학교에 다시 입학했다.

위기 순간의 버팀목

중학교 때는 내 이야기에 귀를 기울여주고 어떻게 하면 좋을지를 같이 의논 해주는 선생님들이 많이 계셨어요. 그런데 고등학교에 가니 갑자기 너무 다른 거예요. 야자 끝나고 기숙사에 들어오면 보통 밤 10시가 넘어요. 기숙사에서 11시까지 공부하고 선배들 씻은 다음에 1학년들이 씻으면 거의 새벽에 잠들거든요. 그리고 다시 네 시간 정도 자고 아침에 일어나야 하는 거예요. 너무 힘들었어요. 그래서 자퇴를 했죠. 하지만 지금 같으면 그냥 참고 다녔을 것 같아요. 왜냐하면 자퇴하고 나니 너무 힘들었거든요.

세희는 학교 그만 둔 것을 후회하고 있었다. 현재 다니고 있는 학교에 적응도 잘하고 성적도 우수한 편이지만 일반 고등학교를 다니면서 좀 더 폭넓은 진로를 고민해 보지 못한 것에 대해 아쉬움을 느끼고 있었다. 진학 후 기숙생활을 할 때 선배라는 이유만으로 자신을 함부로 대하는 모습들에 자괴감이 들었다고 한다. 존중받고 있지 못하다는 느낌과 함께 대학 입시라는 치열한 경쟁에 내몰리는 현실도 힘들었다고 한다.

대안학교에서는 자신이 힘든 일들을 함께 공감해주고 귀 기울이는 선생님들이 계셨으나 진학 후 자신의 이야기를 들으려 하기보다는 낙오자로 보는 것에 좌절을 느꼈다고 했다. 남자친구와의 일로 많은 선생님들께 걱정을 끼쳤다며 그때가 교훈이 되어 지금은 어떤 경우에도 '나 자신을 잃지 말자' 생각하며 서로 존중하는 새로운 연애를 하고 있다고 했다.

돌아오는 길, 다시 만날 땐 남자친구 면접을 봐야겠다는 쓸데없는 오지랖이 작동했다.

두 번째 - 다영 이야기

* 인문계 고등학교를 진학해 성적은 비교적 상위권을 유지하며 생활하고 있다.

사막의 오아시스

은여울은 마르지 않는 오아시스였어요. 뭐니뭐니 해도 선생님들의 무한한 사랑이 있었죠. 그것도 아주 다양한 모양을 한 사랑이었던 것 같아요. 책임을 강하게 가르치는 사랑부터 한없이 따뜻한 넓은 품으로 안아주시는 사랑까지요. 지금도 제 안에 사랑이 가득 찬 느낌이에요. 그래서 어떤 것도 힘들지 않아요.

다영이는 은여울중학교 선생님들의 지도방법을 다양한 형태의 사랑으로 묶어 기억하고 있었다. 학생들이 저마다 무지개 빛으로 빛났던 것처럼 선생님들의 모습도 교사, 상담사, 청소년지도사 등 각자의 역할에 맞는 교육들을 자신에게 주는 다른 빛깔의 사랑으로 기억하고 있었다.

중학교 2학년 이후 자신의 방과 정신병동을 오가며 초췌하던 다영이는 은여울이라는 오아시스를 만나 다시 숨 쉬고 하늘을 보며 푸르게 변할 수 있었다. 그 사랑의 기억을 심장 어디쯤에 새겨 놓은 것처럼 내 앞에 앉아 있었다. 아주 작은 것조차도 감사하는 눈으로 바라보고 표현하는 모습이 참 예뻐 보였다. 자신이 작은 음료수 페트병을 잘라 심었다는 장미 허브를 내게 건네는 손길과 힘겨운 눈빛이 스치기도 했지만, 다영이만의 오아시스는 조금씩 가꾸어지고 있었다.

세 번째 - 재경 이야기

* 특성화고등학교를 졸업하고 열심히 생활하고 있다.

생명의 길을 열어 준 곳

제가 춤추면 학생들이 모두 좋아해요. 저 슈퍼스타예요. 처음에는 앉아 있는 것이 힘들었지만 금방 적응했어요. 그래도 은여울에서 틈틈이 공부한 게 도움이 되었어요.

은여울은 저에게 성장의 길을 열어줬어요. 가정에서도 힘들고 학교에서 관계도 힘들고 모든 것이 엉망이었는데 은여울에 와서 선생님들의 사랑이 저를 일으켜 세워주셨어요. 기숙사 생활도 좋았구요. 일단 힘든 가정에서 벗어나 친구들과 지낼 수 있는 것도 너무 좋았어요.

은여울이 없었다면 지금의 저는 없었을 거에요.

무한리필 식당에서 삼겹살을 정신없이 먹으며 은여울 후배들과 선생님의 안부를 묻는 재경이는 어제 만난 것처럼 편안해 보였다. 처음 은여울에 왔을 때 천둥 번개가 치고 요란한 소나기가 내리듯, 자신의 분노를 참지 못하던 학생이 이젠 맑은 하늘처럼 밝게 웃고 있다. 학교에서 내가 제일 잘 나간다고 너스레를 떠는 모습이 예쁘다.

가정과 학교에서 힘들었던 자신을 이해하지 못했다고 했다. 세상에서 밀려나 어둠 속에 갇혀있던 자신을 온전히 받아 준 은여울에 깊은 고마움을 느끼는 듯 보였다.

기말고사 준비를 위해 학교 앞에 학생을 내려주며 나는 문득 '소나기가 그치면 밝은 해가 뜬다'는 말이 입안에 맴돌았다. 재경에게 말해 줄걸.

네 번째 - 예서 이야기

* 예술고등학교에서 미술을 전공하고 있다.

고마운 특별한 곳

중1 때부터 2학년 때까지 어려움을, 2학년 때는 자살까지 생각했었는데…. 처음에는 어이가 없었어요. 학교에 오니 이상한 애들을 잔뜩 모아 놓고 어떻게 다니라고 하나 싶었어요. 그런데 시간이 지나며 마음의 혼란함을 잘 보살펴 주시는 샘들 덕분에 지금의 제가 있는 거죠.

처음에는 제가 내향적이고 말도 별로 없고 혼자 있는 거 좋아하는 성격인 줄 알았는데 은여울에서 생활하다보니 제가 그런 사람이 아니더라구요. 지금은 친구도 많고 관계도 좋아요.

중3 때 예고 진학을 결정하자 학원샘이 이렇게 하면 예고 못 간다. 지금이라도 포기하고 농고나 공고 쪽으로 가라는 등 주변에서 그런 말할 때 은여울 샘들은 용기를 주시고 할 수 있다고 해주시고 저를 믿어주었어요.

은여울에서 묻거나 묻지 않거나 세 마디 이상을 하지 않던 예서는 수다쟁이가 되어 있었다. 말도 없고 다른 사람과 어울리는 것도 싫어한다고 생각했던 자신의 모습을 벗어나 자신이 괜찮은 사람이었다는 것을 스스로 알아가고 있는 것 같았다. 중학교 3학년 때 자신의 진로를 찾아 헤맬 때 믿고 용기를 주었던 은여울 선생님들을 기억하고 있었다. 곧 고등학교 3학년이 되어 대학 입시를 준비해야 하는 압박감을 힘겨워했지만 또 다시 헤쳐 나가야 할 관문으로 생각하고 있었다.

헤어지는 길, 학교에 다니면서 미처 표현하지 못한 감사의 표현을 몇 번씩 하며 자신의 마음이 후배들과 은여울 선생님들께 전해지기를 진심으로 바라고 있었다. 백밀러에 비친 학생의 걸어가는 뒷모습을 한참 바라보았다. '고맙다. 잘 지내줘서.'

학생들을 만나며 2년 전 기억을 다시 소환하고 웃고 울기도 하며 행복한 일주일이었다. 우린 분명히 2년 전의 일들을 이야기하고 있었지만 그 경험은 현재와 연결되어 있었으며 어떨 땐 미래까지도 계획하고 있었다. 은여울 교사로서 나의 삶이 학생들의 경험 속에서 함께 살아 숨 쉬며 다시 지금의 은여울로 돌아오고 있었다. 그 순간들은 내게 성찰의 시간이었으며 새로운 꿈을 꾸는 시간이었다. 또 만나자는 나의 제안에 학생들도 정말 좋아했다. 그 만남들은 또 어떤 의미로 다가설지 우리가 각자의 삶을 살아내는데 어떻게 연결될 지 설렘과 기대감으로 다가왔다.

밉고 미운 집, 은여울

- 지금 여기, 은여울 교감으로 살기

학생들을 통하여 나를 만나고
결국 나도 내 삶의 언어로 말하며 이곳에서
아름다운 세상을 만들어가고 있다.

2017년 충북 최초 공립 대안학교 보건교사로 시작한 나는 2021년 은여울고등학교 개교와 함께 중·고 통합 교감으로 자리를 옮겼다. 개교 초기에 함께 마음을 모아 시작한 기둥 같았던 초대 교장, 교감 선생님들이 은여울을 떠나며 나는 마치 고아가 된 기분이었다.

아무도 가지 않은 곳, 먼저 앞장서서 길을 내며 가는 리더는 얼마나 큰 힘인가? 어떤 문제 상황에서 메뉴얼도 없고 어떻게 해야 할지 모를 때 늘 긍정적인 마음을 잃지 않게 방향을 잡아주신 분들이다. 어떻게 하는 것이 학생의 성장을 위한 길인지 고민하며 최선의 선택을 해야 할 때 지혜로움과 많은 배움을 주었다.

나는 교감 역할을 잘 해낼 수 있을까? 열심히 하면 될까?

은여울 내부에서 관리자가 되고 그 관리자가 수평적 조직의 일원 그리고 실무형 교감으로 어떤 역할을 해야 할까?

'나만이 할 수 있지만 나 혼자서는 할 수 없다'는 우리의 철학처럼 공동체의 힘으로 잘할 수 있으리라 생각하고 용기를 냈다. 평소 좋아하는 문구 '시작했다면 두려움 없이'(한국 여성의 전화 슬로건)를 가슴에 새겼다.

쉽지는 않았다. 부쩍 눈물이 많아지고 쓸데없는 책임감으로 잠을 설칠 때도 있었다. 아무것도 아닌 일인데 서러워서 눈물이 나기도 했다. 학생 사안에 대해 결정을 해야 할 때는 과연 이 결정이 학생을 위한 일인지 몇 번씩 자문하기를 반복했다. 왜 좀 더 단호하지 못하냐는 질책은 나를 위축되게 하고 외롭게 했다.

보건교사로, 상담부장으로 있을 때는 친근하게 다가와 마음을 나누었는데, 교무실 안쪽 큰 책상 앞에 자리잡고 앉아 있으니 교직원뿐만 아니라 학생들과도 거리감이 느껴졌다.

누구에게나 좋은 사람으로 인정받고 싶은 나의 욕구와 비합리적 신념은 교감 역할에서 큰 방해가 되었다. 평소 '다른 사람이 나로 인해 상처받으면 어쩌지' 하는 마음으로 늘 말을 고르고 고르던 나는 해야만 하는 어려운 말들을 해 놓고 밤새 마음이 쓰여 뒤척이기도 했다.

학생들을 기다리는 것처럼 교직원도 믿고 기다리며 지켜보는 내게 관리자로서 역할을 운운하는 이야기도 들렸다. 그때도 많이 외로웠다.

위기 참도움을 진행하며 학생들이 튕겨져 나가고 몇 번씩 다시 해야 하는 상황들을 마주하며 자책이 올라왔다. 내 책임인 것만 같았다.

교사들이 소진으로 지쳐가고, 눈물을 보일 땐 그저 지켜보며 함께 울 수밖에 없어 안타깝고 아팠다.

학생들의 변화가 더디고 역동이 심할 땐 '불안'이 심하게 올라왔다. 불안을 느끼면 마음에 조바심이 일고 그 조바심은 학생들의 성장을 의심하게 만들었다. 내가 불안하면 교사들도 심하게 경직되고 긴장한다는 걸 나중에 깨달았다.

"은여울은 이렇게 합니다. 은여울의 교사는 은여울에서 만들어져요. 기다려주세요." 라고 말하는 것이 새로 전입한 교사에게는 단단한 벽처럼 느껴지고 소외감마저 든다는 말을 듣는 것은 좌절스럽기도 했다.

목소리가 크고 주장이 강한 교직원을 마주하는 것은 나를 긴장하게 만들고 방어적 태도를 취하게 했다. 상담공부를 하며 해결되었다고 생각했는데 무서운 아버지 밑에서 힘들어하던 어린 시절의 나를 아직도 만나고 있는 느낌은 심히 당황스럽기도 했다.

2010년도에 충북 위스쿨 청명학생교육원을 만들었지만 결국 철학이 공유되지 못하며 문을 닫을 수밖에 없었다는 사실은 은여울을 지속가능하게 만들어야 한다는 과한 책임감을 불러 일으키게도 했다.

그렇게 지금 여기, 은여울 교감으로 살기 만 2년이 되어간다.

은여울을 주제로 생각과 느낌을 표현하기 시간에 한 학생이 표현한 것처럼 '은여울은 따뜻하고 때론 세차게 몰아쳤지만 언제나 생각나고 그리운, 밉고 미운 집'이다

은여울은 내게 끊임없는 성찰로 나를 돌아보게 하였고 부끄러움을 마주할 수 있는 용기를 주었다.

누군가에게 온 마음을 다해 위로를 건넬 줄 아는 따뜻한 사람이 되게 했다.

나의 빈 곳을 다른 누군가가 채워 줄 것이라는 믿음이 생겼다. 그 믿음을 통하여 나는 점점 사람과 관계의 깊이를 더해 가는 매력에 빠지는 중이다.

은여울을 통하여 수많은 감동과 기쁨을 얻었으며 사람과 세상을 더 깊이 이해하게 되었다. 여기에 있지 않았다면 절대로 얻을 수 없는 어떤 무엇을 경험했다.

학생들을 통하여 나를 만나고 결국 나도 내 삶의 언어로 말하며 이곳에서 아름다운 세상을 만들어가고 있다.

옹졸한 마음과 편견을 버리고, 있는 그대로 바라볼 수 있는 눈을 길러가고 있다.

여전히 '특별한 은여울'만의 교감 역할 정립은 어렵다. 하지만 나는 은여울을 사랑한다. 메마른 학생들의 가슴에 작은 씨앗을 정성을 다해 심고 가꿀 것이다. 그들과 함께 우리가 원하는 아름다운 세상으로 손잡고 묵묵히 걸어갈 것이다.

은여울에서 살아 숨 쉴 수 있어서 감사하다.

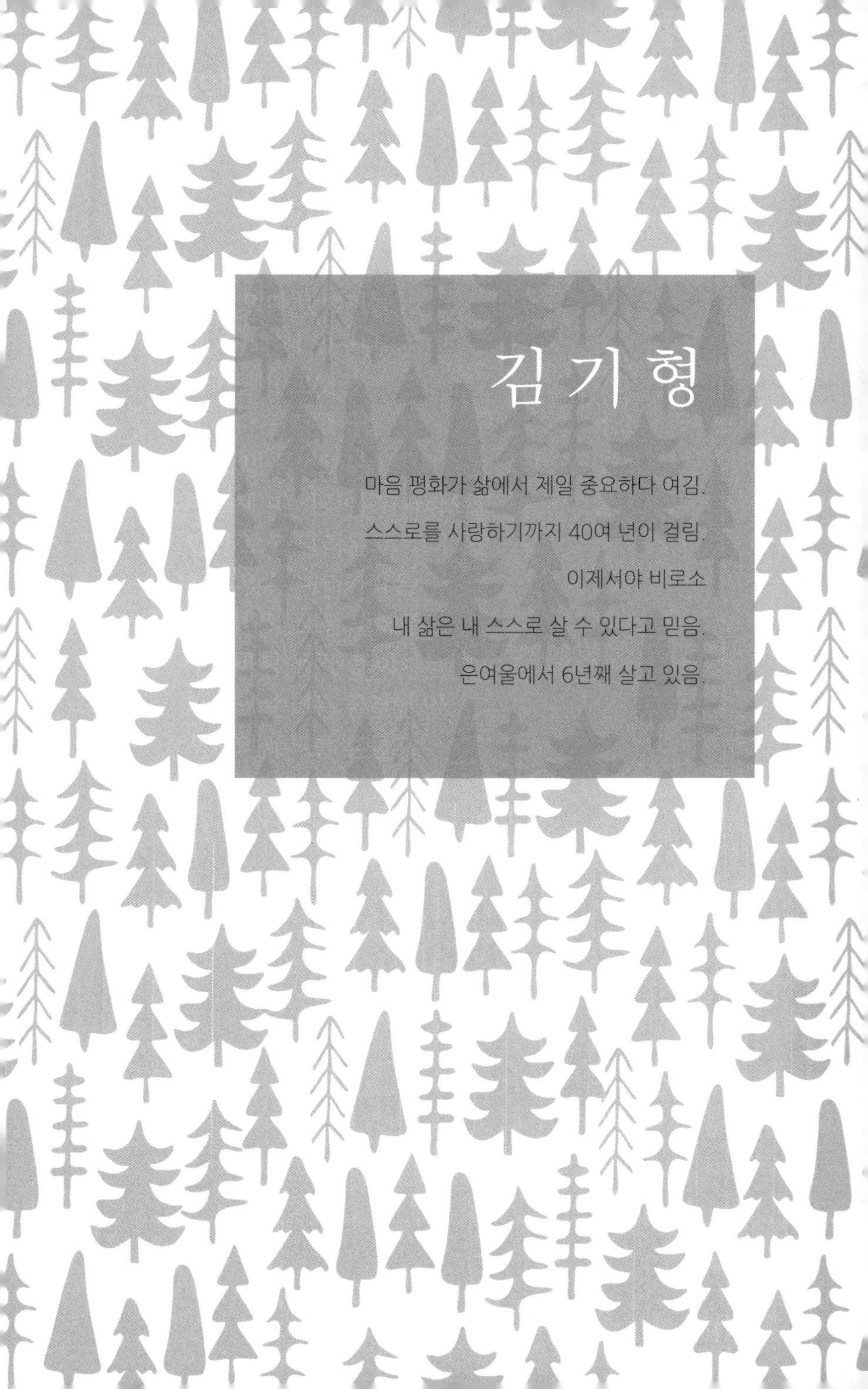

김기형

마음 평화가 삶에서 제일 중요하다 여김.

스스로를 사랑하기까지 40여 년이 걸림.

이제서야 비로소

내 삶은 내 스스로 살 수 있다고 믿음.

은여울에서 6년째 살고 있음.

은여울에 오기까지

"여기 김기형 선생님이 꼭 한번 와봐.
선생님하고 잘 맞을 거 같아."
라고 하셔서 언젠가는 한번 가고 싶은 마음이 있었다.

은여울에 오기 전 난 충북 청주시 미원면 미원중학교에 재직 중이었다. 그때는 한 학년에 두 반씩 있는 소규모 학교였다. 선생님들과 자율적인 수업 공개로 수업 개선, 학생 중심 수업에 관해서 서로 힘을 모으다가 행복씨앗학교를 신청하게 되어 2015년 지정을 받았다. 행복씨앗학교 운영 부장으로 일 년 활동을 했지만 어려움이 많았다. 새로 오신 선생님들과의 합이 잘 맞지 않아 다들 열심이었지만 삐걱삐걱거렸다. 내가 할 수 있는 일들이 아무것도 없게 느껴졌고, 행복씨앗학교를 신청한 것 자체에 대한 후회를 하게 되었다. 교무실에 있기 힘들어 주변을 서성이는 경우가 많았고, 우울한 감정 상태로 기분이 가라앉아 힘을 내기 어려운 적이 많았다.

2016년 부장직을 내려놓고 나름대로 행복씨앗학교에 힘을 보태려던 나날들이 이어졌다. 그해 10월쯤이었나, 전화 한 통이 걸려왔다. 남윤미 선생님이었는데 난 누군지 잘 모르는 분이었다. 이야기인즉슨 2017년 충북 공립 대안학교 개교하는데 국어선생님으로 와 줄 수 있느냐는 이야기였다. 잘 모르는 분한테 이런 전화를 받으니 적잖이 당황스러웠다. 알고 보니 회복적 생활교육 연수를 참여한 적이 있었는데 그때 남윤미 선생님이 나를 괜찮게 생각했다고 하셨다. 세상에나. 연수 같이 참석했다고, 이야기를 나눈 적도 없는 나에게 이런 제안을 하시다니. 그러나 나는 그때 미원중 행복씨앗학교 운영에 힘을 보태고 싶어 정중히 거절했다.

그런데 희한하게 거절하고 보니 예전 청명원 파견교사를 나가신 선생님의 말씀이 떠올랐다.

"여기 김기형 선생님이 꼭 한번 와봐. 선생님하고 잘 맞을 거 같아."

라고 하셔서 언젠가는 한번 가고 싶은 마음이 있었다. 그 마음이 거절한 뒤 점점 부불어 올랐다. 충북 청명학생교육원은 충북 도내 학교 부적응 중학생을 대상으로 한 치유형 위탁

기관이었는데, 은여울중학교는 이런 청명원의 정신을 이어받아 학교로 개교하려던 참이었다.

어쩌면 나에게 좋은 기회가 될 수 있을 거란 생각이 들었다. 이런 기회는 흔치 않을 거 같았다. 하루 정도 고민을 더 하다가(원래 고민을 길게 하지는 않는 성격이다.) 다시 남윤미 선생님께 전화를 걸어 공립 대안학교 개교팀에 합류하고 싶다는 의사를 내비치니 남윤미 선생님이 엄청 기뻐하셨다. 내가 뭐라고, 날 어떻게 믿으시고 그런 반응을 보이시는지 한편으로는 기분이 좋았지만 한편으로는 걱정도 되었다.

이제 내가 은여울에 온지 6년째가 되었다. 은여울에 와서 3년 정도 얼마나 후회를 했는지 모른다. 계속해서 은여울을 벗어나고 싶은 마음이 굴뚝 같았다. 그러다 3년 뒤 난 은여울에서 뿌리를 내리고 있다. 여기서 내가 할 일이 있고 내 역할이 있다. 난 은여울에서 성장을 했고 이제 은여울 교사가 되었다. 그때 뭘 믿고 전화를 주셨는지 모르는 이제는 퇴직하셨지만 아직도 은여울을 깊이 사랑하시는 남윤미 선생님께 감사드린다.

'감사해요, 저에게 참 행운(달콤씁쓸한 초콜릿 같은)의 기회를 주셨어요!'

은여울에서 담임하기란?

교사에게 대들고 욕하고
애들끼리 싸우고 학교 폭력이 발생하는 일들이
곳곳에서 정신 없이 벌어졌다.

학기말이 되어가는 6월과 11월이면 은여울 선생님들의 지친 기색이 표정에서 나타난다. 치유와 돌봄을 기반으로 학생들의 다양한 역동을 견뎌내다 보면 교사도 모르는 사이에 가랑비에 옷 젖듯 소진이 되고, 학기말이면 몸과 마음이 지치기 일쑤이다. 그중에서도 소진이 가장 크게, 가장 많이 일어나는 선생님은 담임이다.

각자 자기의 마음 문제를 가지고 있는 학생들이라 담임의 역할이 일반 학급과는 차이가 있다. 그 학생들을 모두 책임지고 있는 담임의 책임감은 무거울 수밖에 없다. 최근 많이 힘들어 보이는 중학교 담임선생님과 이야기 나눌 기회가 생겨서 따로 만나 얘기를 나눴다. 올해가 얼마 안 남았지만 시간이 정말 안 간다고 하셨다. 학생들의 사소한 역동에도 본인이 엄청 예전보다 예민하게 반응한다고 하셨다. 소진이 되고 있는 징후이다. 학교에 가기 싫어진다든지, 교실에 들어가기 싫어진다든지, 학생들과 함께하는 활동에 가기 싫어지는 것들이 다 소진의 징후이다.

이런 소진의 상황에서 담임 선생님은 위태위태하게 버티고 있는 중이셨다. 그런 모습을 보고 있자니 그 선생님에 대한 나의 마음이 짠해지고 안쓰러웠다. 문득 2017년 은여울 개교하면서 4년 동안 담임하던 시절이 떠올랐다. 특히 2018년부터는 중학교 1학년 담임으로 시작해서 그 학생들을 이끌고 중3 담임까지 했었다. 은여울에서 4년 담임은 나의 자부심이자 훈장 같은 경력이다. (물론 나 혼자만의 생각이지만.)

중1 담임을 맡았을 때 그 학생들의 중3 담임까지 할 거라고는 예상하지 못했다. 정말 그때는 매일매일이 지옥 같았다. (물론 극단적인 말이다. 천국 같은 시간도 분명 있었을 것이다.) 이건 안 겪어본 사람은 정말 모를 것이다. 수업시간에 교사에게 대들고 욕하고 애들끼리 싸우고 학교 폭력이 발생하는 일들이 곳곳에서 정신 없이 벌어졌다. 난 담임이었지만 정말 내가 어찌할 수 있는 게 별로 없었다. 책임감은 있었지만 얼마 가지 않아 지치고, 힘들고, 나만 부적응 교사가 되어가는 느낌이었다. 주변의 선생님들은 안쓰러워하셨지만 내가 보기엔 그들은 다들 어벤져스급이었다. 어렵고 힘든 일들을 척척 해나가시고, 학생들 역동을 온몸으로 막으면서 품어주시고, 힘든 내색을 전혀 보이지 않았다. 그런 모습이 나를 더 위축되게 만들었다.

그때 엄청 소진이 되고 내적으로 너무 힘들어 외부 상담 을 10회까지 받으면서도 '은여울은 나에게 안 맞아. 다른 인문계 고등학교 가서 학생들과 문학 이야기하고 살 거야.' 라는 마음을 수십 번 먹었다. 그때 어떻게 하든 버텨서 다음 담임을 정할 때가 되었다. 난 당연히 이 학생들의 담임을 다시 맡을 생각이 없었다. 그런데 마침 정말 우연처럼 그때 중1이었던 하연이가

"선생님, 내년에 저희 담임 해주세요."

라고 말했다. 아니 내가 담임으로 뭐 해준 게 없다고 생각했는데, 그런 나에게 중1 모범생이 담임을 해달라는 것이다. 나는 그 말에 구원 받았다. 뭐에 홀린 듯 중2 담임하겠다고 했다.

그러나 안타깝게도 대한민국 중2 학생들이 대부분 그러하

듯이 은여울 중2도 더하면 더했지 중1 때보다 조금은 나아졌지만 내가 체감할 수 있는 정도는 아니었고, 오히려 지난 1년의 힘듦이 켜켜히 쌓여진 나의 삶은 침몰하는 배처럼 가라앉아만 갔다. 좀 과장하자면 하루하루 눈물이 마르지 않은 날이 없었다. 소진이 심해지면 번아웃이 온다. 그때 진단을 받지는 않았지만 공황 증상도 왔다. 교직원 회의실 장소에 들어갈 때 심장이 미친 듯 크게 뛰었고 쓰러질 것 같았다. 대인기피증 같은 게 생겨서 교무실에 있지 못하고 불안한 감정을 느끼면서 학교 주변을 서성이다가 차 안에 앉아 있기도 여러 번이었다. 가족이랑 같이 차를 타고 운전하다가 아이들과 아내가 잠이 들었는데 갑자기 심장이 크게 뛰면서 '이러다가 내가 쓰러지면 우리 가족 모두 큰일 나겠구나' 라는 아찔한 순간이 있기도 했다.

'역시 은여울은 나에겐 맞지 않아, 다른 학교에 가야겠구나.' 라고 마음을 먹게 되었다. 2019년 중2 담임이 끝나갈 때쯤에 그 이야기를 또 듣게 될 줄 몰랐다.

"선생님, 내년에도 담임해 주실 거죠?"

하연이의 그 말에 난 또 담임으로 뭔가 한 것도 없는데 무엇에 홀린 듯 중3 담임이 되어 있었다.

그렇게 중1 학생들을 중3으로 끌고 올라가서 졸업을 시켰다. 그 과정에서 내가 품은 질문은 '이 학생들이 과연 변화할 수 있을까? 성장할 수 있을까?' 였다. 겪어 본 일이 아니라서 어떻게 결론이 날지 몰랐다. 그런데 이 학생들의 졸업을 보면서 내가 내린 결론은 개인차가 있지만 모두 나름대로 변화했고 성장했다는 것이다. 학생들만 성장한 것이 아니라, 돌이켜 생각해 보니 나도 변화했고 성장했다는 생각이 들었다. 은여울에서 담임이 할 수 있는 가장 큰 일은 버티는 것이라고 나는 생각한다. 버티기만 하면 학생들은 이곳 은여울에서 뿌리를 내리고 성장하는 나무가 될 것이다. 아, 힘든 담임 생활! 은여울에서 담임하는 모든 분들께 신의 축복이 함께하시길, 잘 버텨주시길 기원한다.

손잡아주기

힘이 난다면 그 손 꼭 잡고 걷자.
힘들고 어려운 길 선생님이 손 잡아줄게.
함께 가자.

2022년 3월 고등학교 신입생 캠프로 해파랑길을 떠난다. 동해안 고성 가진항부터 강릉 모래시계 정동진까지 150km의 길을 9박 10일 동안 걷는다. 올해 신입생은 은여울중학교에서 3명, 외부에서 온 학생이 6명이다. 캠프 가기 전부터 미리 걱정이 앞선다. 우리가 계속 봐오던 학생들이 아니라서 어떨까, 힘들지는 않을까, 걱정을 많이 했는데 입학식을 하고 며칠 지내다보니 괜찮다는 생각이 들었다.

그 중에 정유는 '저 학생이 과연 해파랑길 가서 며칠을 걸을 수 있을까?' 염려했던 학생이었다. 갸날픈 체구에 아침에도 계속 잠을 자는 참 여리여리한 학생이었다. 체중이 40kg도 안 돼 보였다. 신입생 캠프를 떠나면서 많이 버티면 2~3일 걷다가 힘들어서 포기할지도 모른다는 생각이 들었다.

첫날 학교에서 가진항으로 출발했고 교사, 학생 모두 긴장한 채 한편으로는 기대감으로 한편으로는 설레면서 차로 이동했다. 강릉에서 가진항으로 차로 올라가는데 나는 작년에 걸었기 때문에 그 길을 오직 우리의 다리로만 걸어오게 될 것을 알고 있었다. 아는 것이 병인가? 차로 올라가면서 그 길을 다 걸을 생각을 하니 심란해졌다.

가진항에 도착해서 걷기 시작했다. 해, 파, 랑 팀으로 나누어 걸었는데 나는 정유랑 걷게 되었다. 입학식 때부터 일주일 정도 지났지만 외부에서 온 학생들과는 이야기를 나눠본 적이 없었다. 정유는 내 옆에서 조잘조잘 이야기를 하기 시작하더니 은여울고 오기 전의 학교 생활과 집에서의 생활을 미주알고주알 풀어 놓았다. 이야기를 들어보니 엄마가 공부방 선생님으로 어렸을 적부터 공부를 꽤 시킨 것 같았다. 그런데 생각만큼 정유가 공부를 잘 못하고 중학교 성적이 잘 나오지 않아서 우리 학교에 오게 되었다고 했다. 공부에 대한 트라우마, 수학 공부에 대한 강한 압박이 있었는데 우리 학교에 와서 공부를 하지 않아 좋다고 했다. 그러면서 무언가를 잘못할 때

혼나기만 하고 지적만 당했지 엄마로부터 따뜻한 공감을 받은 기억이 별로 없다고 했다. 고1인 정유는 내 딸인 중1 라은이보다 더 작았다. 딸 바보인 내 맘이 아파오기 시작했다.

정유는 그림을 잘 그렸다. 칠판에 낙서로 그린 그림들이 잘 모르는 내가 봐도 정말 귀여운 캐릭터를 잘 그렸다. 정유의 목표는 독립이었다. 지금 열심히 하고 있는 그림을 계속 그려서 집으로부터 동생을 데리고 나가 살 거라고 했다. 무슨 일이 있었기에 이 작디 작은 소녀로 하여금 독립을 결심하게 되었을까? 생각을 하니 한편으로는 기특하기도 했지만 한편으로는 마음이 아렸다.

왼쪽으로는 계속 동해 바다가 펼쳐졌고 3월이지만 날씨는 꽤 따뜻했다. 학생들은 커나가면서 다양한 실수를 하고 거기에서부터 배운다. 실수는 어찌 보면 당연한 것이고 우리는 거기부터 교육이 시작된다. 정유는 그런 실수로부터 배웠다기보다는 혼나고 지적당하면서 많이 위축되어 보였다. 엄마는 정유가 자신의 욕구만큼 공부를 잘하지 못했을 때 얼마나 실망했을까? 하지만 그것이 본인의 욕심이었다는 것을 자각하고 계실까? 라는 생각이 끊임없이 들었다.

정유의 이런저런 이야기를 잘 들어주니 "선생님은 공감을 참 잘해주시네요" 했다. 그냥 들어주기만 했는데도 정유한테는 그런 일들이 다르게 느껴졌나 보다. 이야기를 나누다 보니 도착지가 얼마 남지 않았다. 정유가 문득 나에게 조용히 속삭였다.

"선생님 손 잡아도 돼요?"

"왜?"

"손 잡으면 힘이 날 것 같아요."

"그래?"

"평소에 이렇게 엄마한테 얘기하면 혼나요."

마음이 아파온다.

정유야, 손 잡아줄게, 힘이 난다면 그 손 꼭 잡고 걷자. 힘들고 어려운 길 선생님이 손 잡아줄게. 함께 가자. 라고 마음속으로 되뇌이며 작은 손을 잡고 걷기 시작했다. 정유는 그렇게 9박 10일 동안 다른 선생님, 선배, 친구 손을 잡고 완주했다.

온 우주만큼 사랑해

깽판(?)과 지랄(?)을 떨어도 결국 그 학생은
자기의 외투를 벗어 던지고 은여울 품에 안긴다.
생각할수록 묘한 학교다. 힘든데 감동이 있다.

은여울에서 지내다 보면 학생을 지도하는데 헷갈릴 때가 있다. 학생이 힘들다고 할 때 어디까지 받아줘야 하는 건지, 욕하고 폭력적인 행동을 하는 학생들을 언제까지 이해해 주어야 하는 건지.

몇 년 전 중학교 담임할 때 일이다. 기숙사 학교라서 평일에는 기숙사에서 자는데 자주 아프다거나 힘들다고 오는 학생들을 집에 보내야 하는지 아니면 학교에서 좀 더 견디게 해야 하는지 판단하기 어려울 때가 많았다. 혼자 판단하기 힘들어서 교감선생님이셨던 이정주 선생님께 여쭤보면 나의 판단과

다를 때가 많아 적잖이 당황스럽기도 했다. 내 생각에는 '이 정도면 집에 보내야 하는 거 아니야?'라고 생각했는데 교감선생님은 따뜻하면서도 약간 단호하게 학교에 있으라고 하셨다. 그래서 '아, 단호해야 하는구나' 라고 맘먹고 다음 날 그 학생이 힘들다고 집에 가고 싶다고 했을 때 학교에 있으라고 했는데 이상하게도 교감선생님은 집에 보내라고 하셨다.

어느 장단에 춤을 출지 몰랐다. 혼란스러웠다. 이런 일뿐만 아니라 은여울에서 지낸다는 것은 돌봄이 필요한 학생들에게 감정의 쓰레기통이 되는 느낌이었다. 마음에 상처난 학생들은 쉽게 욕하고 쉽게 교사에게 상처를 주기도 했다. 교사는 그런 학생들을 따뜻하게 안아줄 수는 없을지라도 잘 버텨야 했다. 생각해 보면 은여울에 와서 내가 할 수 있었던 일은 잘 버티는 일이었다. 그런데 신기하게도 그렇게 버티면서 뭔가 깨달아지는 순간이 왔다.

우리가 알고 있는 해와 바람 이야기를 떠올린다. 외투 입은 사람의 겉옷을 벗기기 위해서는 바람보다는 따뜻한 햇살이 필요하다는 이야기가 나에게 마치 처음 알게 된 이야기처럼 새로운 체험으로 다가왔다. 일반 학교이든 대안 학교이든 학생과의 관계에서 핵심은 따뜻한 관계라고 생각한다. 이 관계가 잘 만들어지지 않으면 교사인 나의 말과 행동은 어떤 영향도 끼칠 수가 없다. 아니다. 안 좋은 영향을 끼칠 수도 있겠다.

'모든 공격은 도와달라는 외침이다' 라는 글을 어디선가 본 적이 있다. 이 문장을 마음속 깊이 새기려고 노력한다. 상처받은 학생들이 그것을 외적으로 표현할 때 욕이나 폭력적 행동으로 나온다. 내적으로 표현하면 우울감이나 무기력, 자해로 나오기도 한다. 어떤 양상이든 교사가 지치지 않고 잘 버텨주고 학교의 많은 교직원 중 그 누군가와 연결된다면 그 학생은 결국 변화하는 과정을 6년 동안 수없이 경험했다. 그런 학생의 성장 과정을 볼 수 있다는 것은 교사로서 축복이고(고통을 동반한) 다음 힘든 학생을 만났을 때 버티는 힘이 되기도 한다.

어떤 힘든 학생들이 와도 그 학생이 학교에서 깽판(?)과 지랄(?)을 떨어도 결국 그 학생은 자기의 외투를 벗어 던지고 은여울 품에 안긴다. 생각할수록 묘한 학교다. 힘든데 감동이 있다.

제목이 '온 우주만큼 사랑해'인 이유는 얼마 전 가족끼리 진실 게임 하다가 내가 아내한테 "나 얼마큼 사랑해?"라고 물었을 때 아내가 답한 말이다. 그 말을 듣는 순간 마음이 벅차고 온몸이 사랑으로 가득 차 있는 느낌을 받았다. 이런 경험을 우리 은여울 학생들이 경험한다면 어떻게 삶이 바뀔까?

즐겁고 신나는 다배움 수업

다음 다배움 수업 주제가 궁금해진다.
그런데 갑자기 문득 불안감이 든다.
이 수업 혹시 선생님만 좋아하는 건 아니겠지?

은여울고등학교 수업에는 다배움 수업이 있다. 다배움 수업이 뭐냐고 질문한다면 '다 배울 수 있는' 수업이라고 이야기할 수 있겠다. 작년 처음 다배움 수업을 1학년 2학기에 진행하였는데 잘 되질 않았다. 학생들의 주체적인 배움을 위해 학생들이 스스로 원하는 배움을 찾아 같은 배움을 가진 학생과 선생님들끼리 배움의 시간을 가지려고 했으나 배움을 찾다가 끝나버렸다. (이것 또한 배움이리라.) 은여울중학교에서는 치유와 돌봄의 과정이라면 고등학교는 배움과 성장이 핵심과제인데 학생들은 기본 소양과 지식이 부족해서 올해 다배움의 주제는 기초 인문학 교육으로 방향을 잡았다.

나는 국어교사이고 인문학에 대해서는 어렴풋이 알고 있지만 인문학 교육을 이렇게 해본 적은 처음이다. 국어교사(나), 미술교사(김온누리), 지리교사(정한별), 세 사람이 함께 수업을 진행했다. 인문학의 방대한 영역을 다 가르칠 순 없어서 인문학이란 무엇인가에서부터 출발하여 미술, 음식을 주제로 1학기를 진행했다.

그런데 신기한 일이 벌어졌다. 다배움 수업 준비가 너무 재미있었다. 다배움 수업을 준비하면서 교사인 내가 새롭게 배운 것들이 많았다. 인문학이 이렇게 즐거운 학문이 될 줄 몰랐다.

처음 깨달은 것은 유튜브 강의였는데 '모든 인문학은 하나의 질문으로 귀결된다. 그래서 나는 어떻게 살 것인가? 인문학 지식을 쌓는 게 중요한 게 아니라 그 인문학 내용이 내 삶에 어떤 영향을 끼치느냐가 중요하다'라는 이야기였다. 이런 말이 내게 크게 다가왔고 이후 다배움 기초 인문학 수업에서 나의 핵심적인 방향성이 되었다.

또 하나는 다른 선생님들 수업이 너무 재미있다는 거였다. 누리쌤은 수업에서 재미를 추구한다. PPT에서도 그 재기발랄함을 감출 수가 없다. 재미있으니까 몰입하게 되고 몰입하니 새로 배우게 되는 사실들이 또 재미있다. 이런 수업을 더 일찍 알게 되었다면 좋았을 것을. (은여울 선생님들이 자주 하는 말 중에 하나이다. 내가 학생 시절 이런 학교 혹은 교사 혹은 수업을 만났다면 내 인생은 어떻게 변했을까?)

한별쌤 수업은 신선하다. 수업 도중 영화의 한 장면을 마주하기도 하고 선생님의 인도 여행기를 볼 수 있기도 하다. 역시 젊은 선생님이라(난 좀 나이가 들었나?) PPT도 신선하고 내용도 참신하다. 와우! 이 수업도 빠져들게 한다.

그에 비해서 나는 내가 생각하기에 좀 고루한 면이 있다. 우선 PPT가 없다. 학습지가 나간다. 학습지엔 꼭 글이 있다. 학생들은 글을 읽고 자신의 생각을 써야 한다. 나는 그게 재미라고 생각하지만 한별쌤이나 누리쌤이 올드하다는 생각을 할까 살짝 염려된다. 그럼에도 불구하고 내가 생각할 때 우리 셋은 합이 좋고 조화롭다는 생각을 한다. 어디 가서 이런 수업을 할까?

내가 준비한 수업에서 고흐의 삶에 대한 수업을 진행한 적이 있는데, 수찬이가 금요일 아침모임 때 내가 한 수업이 인상 깊었다고 발표한 적이 있었다. 평소에 조용하고 잘 발표하지 않는 수찬이가 한 말이라 무척 고무되었고 엄청 뿌듯한 순간이었다. 우리는 고흐의 그림을 잘 알지만 어떤 삶을 살았는지 학생들은 잘 모르고 있었다. 살아 생전에 단 1점 밖에 그림을 팔지 못한 고흐. 죽기 전까지 동생 테오와 편지를 주고 받은 고흐. 여러 여자를 사랑했지만 이뤄질 수 없었던 고흐의 삶에 대한 이야기가 수업시간에 학생들에게 어떤 생각을 가지게 했을까?

다배움 수업 준비는 참 힘들고 어렵지만 막상 하고 나면 그렇게 뿌듯할 수 없다. 다음 다배움 수업 주제가 궁금해진다. 그런데 갑자기 문득 불안감이 든다. 이 수업 혹시 선생님만 좋아하는 건 아니겠지?

부끄러운 일

결국 이렇게 될 것을….
내가 했던 행동이 부끄럽고 미안했다.
가람이는 내가 자기를 버렸다고 툴툴거렸다.

2022년 5월 16일부터 20일까지 은여울고 백두대간 프로그램을 다녀왔다. 백두대간은 백두산부터 지리산까지 이어지는 한반도의 등줄기 같은 가장 크고 긴 산줄기이다. 그 중에서 충북의 백두대간을 산행하면서 자립과 성찰, 생태적 삶과 멤버십을 쌓는 아웃도어 프로그램이다. 이번 백두대간 프로그램은 4박 5일 동안 내내 텐트를 치고 잤다. 샤워를 할 수 없는 곳도 있어서 씻고 자는 데에 불편함이 있었지만 거의 대부분의 학생들이 잘 견디고 마무리까지 잘했다.

팀별로 나누어서 산행을 진행했다. 4명씩 4개조로 나누었는데 셋째 날 구간이 가장 길었다. 단양군 의풍분교에서 고치령, 마당치, 늦은맥이재에서 어의곡리까지 이어지는 14.3km 구간이었고 8시간에서 9시간까지 걸리는 구간이었다. 그 전날 나는 가람이와 함께 걸었는데 우리조는 체력 조건들이 다 달라서 두 명은 벌써 앞서서 걸어 나아갔고 가람이는 보기보다(?) 잘 걷지 못하고 조금 걷다 쉬고, 걷다 쉬고를 반복해서 산행이 길어졌다. 다행히 둘째 날은 8km밖에 되지 않아 그렇게 늦어지지는 않았다. 산행을 잘하기 위해서는 충분히 걷고서 쉬어야 되는데 가람이는 내 말을 도통 따르지 않고 자기 힘들면 바로 쉬고 걷고를 반복했다.

문득 작년 백두대간에서 미정이랑 걸으면서 야간 산행했던 기억이 떠올랐다. 그때 미정이는 원체 산을 좋아하지 않았고, 거북이처럼 느리게, 천천히 걷다 보니 숙영지에 도착하기 전에 밤이 찾아왔다. 헤드랜턴이 있어 불을 켜고 내려왔지만 산에서의 밤은 정말 두렵고 무서웠다.

셋째 날 가람이랑 함께 걷다가는 작년 상황을 면치 못하겠다는 생각이 내 몸 전체를 훑으면서 두려움이 몰려왔다. 가람이는 전체에서 가장 마지막으로 산행하면서 다른 조에서 뒤처진 유정이와 걷기 시작했다. 거기에는 가람이 담임인 진경쌤과 도움 주시려 오신 응급의학과 임훈 교수님이 계셨다.

나는 비겁하지만 살기 위해서 가람이를 과감하게 진경쌤에게 부탁했고 진경쌤은 흔쾌히 받아 주셨다. 나는 '살았구나!'라는 생각이 들면서 앞에 가고 있는 우리조의 다른 멤버인 고2 소라와 누리쌤에 끼여서 가기 시작했다. 소라와 누리쌤은 50분 걷고 5분 쉬고를 반복하면서 열심히 걷는 팀이었다. 드디어 나랑 맞는 조를 찾았다고 생각했고 '살았구나!'를 다시 한번 느꼈다.

열심히 걷고 쉬고를 반복하다 저 뒤에서 가람이의 목소리가 들려오면 겁이 나서 걸음을 재촉했다. 14.3km의 길은 결코 만만치 않았다. 산 능선을 오르내리는데 비슷한 장면들이 계속 반복되는 듯이 느껴졌다. 마치 더 나아가지 않고 같은 곳을 계속 반복해서 걷는 느낌이었다. 그래도 계속 걷다 보니 늦은맥이재가 나왔고 5km 남았다는 표지판이 보였다. 다행이었다. 그때가 오후 3시였나? 저녁 5시 전에는 들어갈 수 있겠다는 생각이 들었다. 그럼 씻고 밥 먹고 저녁 모임하고 자면 오늘은 끝이겠구나 생각을 했다. 그런데 소라가 내리막길에 대한 두려움이 커서 생각보다 속도가 나질 않았다. 내리막길이 넓고 흙길이었으면 좋았을 것을, 그 반대로 길은 좁고 돌길이었다. 잘못 발을 디디면 발목이 삐거나 다칠 수 있는 험난한 내리막길이 펼쳐졌다.

돌을 하도 밟아서 발바닥에 불이 난 것처럼 뜨겁고 아팠다. 이놈의 돌멩이 길은 끝날 것 같으면서도 끝나지 않고 계속되었다. 2시간이면 충분히 내려올 수 있다고 여겼는데 2시간이 지나고 3시간이 지나도록 길은 끝나지 않았다. 오후 5시가 지나고 6시가 되도록 산행은 계속되었다.

잠시 쉬고 있는데 임훈 교수님과 유정이를 만났다. 그러면서 우리를 앞질러 가기 시작했다. 헉! 뭐지? 그래도 우리 뒤엔 가람이와 진경쌤이 있었다. 열심히 내려가다 보면 어두워지기 전에 도착할 수 있을 것 같았다.

1km 남짓 남았을 때였을까. 뒤에서 우렁찬 목소리가 들리기 시작했다. 갑자기 머리가 하얘졌다. 그렇게 열심히 걷고 또 걸었는데 아뿔싸 가람이와 진경쌤이 나타났다. 내가 살려고 가람이를 진경쌤한테 맡겼는데 도착하기 30분 전쯤에 다시 만나게 되었다. 결국 이렇게 될 것을…. 내가 했던 행동이 부끄럽고 미안했다. 가람이는 내가 자기를 버렸다고 툴툴거렸다.

“아니야 가람아. 널 버린 게 아니라 담임선생님한테 맡긴 거야.” 라고 말했지만 속으로는 뜨끔했다.

결국은 그렇게 만나 사이좋게 야영지에 내려왔다. 야영지에 도착하니 먼저 도착한 학생과 선생님들이 반겨 주었다. 가람이는 먼저 도착한 우주를 보더니 울컥했다. 산에서 총 11시간

있었다. 아침 8시부터 저녁 7시. 어두워지지는 않아 다행이었다. 은석쌤이 만들어 주신 짜장밥을 먹으니 오늘 있었던 일들이 꿈같이 느껴졌다. 내일은 가람이 버리지 말고 잘 챙겨야겠다. 인생은 계획대로 되지 않는다.

나의 삶에서 중요한 루틴

일출을 보면서 하루의 삶의 의지를 다지고,
일몰을 보면서 하루의 삶을 성찰하고
애쓴 나에게 수고했다고 토닥여준다.

인간은 무척이나 이성적 사고로 합리적인 생활을 하고 있다는 착각을 하고 산다. 우리 대부분은 그것보다는 무의식적 습관으로 살아간다는 내용의 책을 읽고 깊게 공감한 적이 있다. 은여울에서 살아가는 나의 삶에 중요한 루틴을 소개한다.

우선 보통 4시에 잠을 깬다. 요즘 새벽에 일어나서 그 시간을 활용하는 미라클 모닝이 유행이지만 난 별다른 노력을 들이지 않고 알람 설정을 하지 않고도 일어난다. 남들은 무척 신기해하는데 비법은 일찍 자는 것이다. (사람들에게 얘기 하면 어떻게 9시에 자냐고 다시 묻는다. 일찍 일어나기도 힘들지만 일찍 자는 것도 어려운가 보다.) 보통 9시에 자서 4시에 일어나면 7시간은 자는 것이다. 남들과 비슷한 수면시간이다. 그런데 사람들이 생각할 때에는 엄청 부지런하게 느껴지는가 보다.

일찍 일어나서 하는 일은 요가 동작 중 수리야 나마스카라(태양 경배 자세)라는 가장 기본적인 동작을 10회 20분 정도 한다. 우리 몸은 하루 종일 스트레스나 오랫동안 똑같은 자세로 있다 보면 경직될 수 있다. 스트레칭이나 요가, 필라테스 등으로 경직된 근육을 풀어주면 하루의 시작을 가볍게 할 수 있다.

그리고 두 번째 나의 루틴은 집 주변이나 학교 주변을 산책한다. 예전에는 뛰기도 하고 등산을 하기도 했는데 생각보다 몸에 무리가 와서 주로 아침에 30분, 점심에 30분 산책을 한다. 그렇게 하루를 걸어보면 7000보~8000보 정도 된다. 최근 건강 기사를 살펴보니 만보를 걷는 것보다는 이 정도가 적당하다고 한다. 또한 식후에 몸을 움직이면 혈당 수치를 낮출 수 있는 효과도 있다고 한다.

산책을 하면서 하루 일들을 미리 생각해보기도 하고, 불편했던 생각이나 감정들에 대해 정리하는 시간을 자연스레 갖기도 한다. 주변의 산 풍경이나 흐르는 물을 보면 그것 자체가 마음을 편안하게 해준다. 자연이 주는 공짜 선물이다. 그리고 자연이 하루에 두 번 주는 경이로운 장관이 있는데 해 뜨는, 해 지는 풍경이다. 일출, 일몰을 보고 있자면 황홀하기도 하고 넋이 빠져 그 장면에 아무 생각 없이 자연적으로 몰입하게 되고 그냥 기분이 좋아진다. 일출을 보면서 하루의 삶의 의지를 다지고, 일몰을 보면서 하루의 삶을 성찰하고 애쓴 나에게 수고했다고 토닥여준다. 일출, 일몰은 매일매일 신이 인간에게 주는 뜻밖의 보너스이다.

또 다른 루틴은 아침 독서모임을 매일 한다. 월요일부터 금요일 오전 8시~9시까지 공감, 명상, 영성 독서모임을 선생님들과 3년째 진행해 오고 있다. 아침 1시간에 명상도 하고, 좋은 글귀를 읽고 영혼에 대해 생각하는 시간을 가지면서 서로의 마음에 공감하면서 나의 마음에 평화를 가져다 주는 시간이다. 아래는 아침 독서모임을 하시는 선생님들의 소감이다.

나에게 공감 독서모임은 동료들에게 공감 받고 지지를 받게 되므로 위로가 되고 연결되는 느낌이 듭니다. 평소에는 말하기 힘든 깊은 감정을 내놓을 수 있고 공유할 수 있는 기회가 되기도 합니다. - 김○○ 선생님

공감이 무엇인지 알게 되었고 여러 번 되새기면서 앎을 실

제 삶으로 체화시키게 하는 시간. 책을 함께 읽으며 배우는 것도 좋고, 이야기 나누며 공감을 직접 경험하는 것도 좋음. 나의 감정을 표현하고 공감 받는 시간. - 김○○ 선생님

영성독서는 특히 혼자 읽었으면 그 가치를 잘 몰랐을 것 같음. 함께 이야기 나누면서 배우는 부분이 많았음. 내가 어려움을 느꼈을 때마다 나의 삶의 주인이 나라는 것, 그리고 우리는 모두 연결되어 있다는 걸 상기시키게 하고 그로부터 일어나게 하는 힘을 주는 시간. - 김○○ 선생님

저에게 있어 영성독서는 일상생활 속에서 잊고 지내왔던 신에 대해서 그리고 인간의 신성에 대해서 다시금 되새겨 보는 소중한 시간입니다. 혼자서라면 전혀 관심을 갖지 않았을 『신과 나눈 이야기』는 책의 내용보다는 글을 읽고 자신의 생각을 함께 나누고 공감해 주시는 선생님들과 함께하는 모든 순간이 신비롭고 새로운 세계를 만나는 듯한 창조와 조화의 시간이라고 느끼게 됩니다.

누구나 자신만의 신이 있고 나름대로의 방법으로 세상을 이해하듯이 타인의 신성을 존중하고 그들의 세상을 이해하려고 노력할 때 우리는 인식의 확장과 세상을 폭넓게 해석할 수 있으리라 생각합니다. - 정○○ 선생님

명상독서는 내가 나를 찾아가는 상담 같은 시간. 알아차림

이 얼마나 삶에서 중요한지 나눔과 체험으로 알게 해줌. 함께 하기에 꾸준히 맥을 잃지 않고 할 수 있었음에 감사함. - 김○○ 선생님

학교에서 퇴근하면 나의 저녁 루틴이 시작된다. 바로 저녁 식사 준비이다. 이것을 루틴이라고 하기에는 뭐하지만 생각해보면 나에겐 중요한 루틴이다. 아침은 아내가 준비하는데 아침이 워낙 바쁘고 시간을 많이 들여 요리해 먹기에는 부담이 된다. 나는 워낙 요리하는 것을 좋아해서 저녁 담당이 된 후 어떤 요리를 할까 고민을 하고, 아이들도 오늘 저녁이 무엇일지 기대하며 궁금해 한다. 저녁 요리가 맛있게 준비되면 가족끼리 맛있게 먹으며, 하루에 어떤 일을 했는지 소소한 이야기가 오고 간다. 아이들이 저녁 정말 맛있다고 칭찬해주면 기분이 날아가는 듯하다. 저녁 식사가 끝나고 안방 침대서 쉬고 있으면 딸, 아들이 내 곁으로 와서 장난을 치기도 하고, 이야기를 나누기도 하면서 웃고 떠들며 하루를 마무리한다.

생각해보면 몇 해 전만 해도 내 삶이 그렇게 행복하다고 느끼지는 않았던 것 같다. 오히려 삶은 고해이면서 고통의 연속이라고 느낀 것 같다. 그런데 이렇게 삶이 변화한 이유는 나의 좋은 루틴 덕분이라고 생각한다. 요가, 산책, 아침 독서모

임, 저녁식사, 자녀와의 장난 및 대화. 나의 삶에서 추가할 좋은 루틴이 또 뭐가 있는지 생각해본다.

좋은 루틴이 삶의 질을 좌우한다.

물길 탐사

*텐트를 치면서 숙박하는 백두대간 프로그램이 있다.
그리고 마지막으로 10월에 충주호에서 카약을 타고
물길을 탐사하면서 무인도 체험하는 프로그램이 있다.*

은여울고에서는 3대 아웃도어 프로그램이 있다. 우선 3월에 신입생 캠프로 진행하는 9박 10일 동해안 150km 해파랑길 프로그램이 있고, 5월에는 충북에 있는 백두대간 구간을 4박 5일 동안 텐트를 치면서 숙박하는 백두대간 프로그램이 있다. 그리고 마지막으로 10월에 충주호에서 카약을 타고 물길을 탐사하면서 무인도 체험하는 프로그램이 있다.

작년에 해파랑길, 백두대간을 몹시 힘들어 했던 은주가 물길 탐사는 꽤 해볼 만하다는 평가를 내렸다. 물길 탐사가 주는 특별한 체험이 있는데, 주로 우리는 땅 위에서 강을 바라보는 경우가 많은데, 강 위에서 땅에 있는 풍경을 바라보면 세상은 또 색다르면서 참 아름답다. 나는 고향이 충주이고 정말 100번 넘게 탄금대를 다녔지만 정작 카약 위에서 탄금대, 중앙탑 조각 공원을 바라보면 또 다른 아름다운 풍경이 펼쳐졌다.

2인 1조로 배를 타야 해서 한 배를 탔다는 연결감 또한 참 좋았다. 학생들이 처음에는 노를 젓는 것도, 방향 전환하는 것도 어렵고 어색해 힘들어 했지만 하루가 지나자 패들링을 꽤 잘해서 모든 팀들이 지도 선생님의 지시대로 노를 잘 젓고 목적지에 수월하게 다녀오기도 했다.

충주호 물길은 예로부터 서울까지 여러 물건을 나르는 수로였다는 설명을 들을 때는 조선 시대로 돌아가 배로 물건들을 싣고 다니는 모습을 상상하기도 했다. 탄금대 열두대 절벽에서 임진왜란 당시 신립장군과 여러 병사들의 전쟁 당시 모습을 떠올리기도 했다. 지도 선생님의 설명을 들으니 과거와 현재가 함께 공존하고 있는 충주호의 모습이 새로웠다.

이번 프로그램은 LNT(Leave No Trace)라고 해서 쓰레기나 인간의 자취를 남기지 않는 교육도 진행했다. 저녁에 학생들과 조별로 요리를 해서 먹었는데 어떻게 하면 쓰레기를 남기지 않을까 고민한 결과 국물 요리는 지양하고 알맞게 양을 조절해서 음식물을 하나도 남기지 않았다. 카약을 타고 무인도 섬 주변의 쓰레기를 치우기도 했다.

며칠 같이 밥도 먹고 음식을 해먹으니 한결 가족 같다는 생각을 했다. 학생들이 많이 기특했던 건 식사를 마치고 요리 도구나 식기들을 정리하는데 다들 알아서 자기 위치에서 자기 할 일을 하고 있었다. 은여울고에서 목표로 하는 자립의 삶을 학생들이 잘 실천하고 있었다.

무인도에서 4일 동안 씻지 않고 화장실도 이동식 변기라서 불편하겠다는 생각이 들었지만 막상 생활해보면 금방 적응해서 별로 힘들다는 생각도 안 들었다. 저녁에는 모닥불을 피워놓고 저녁 모임을 진행했다. 각자 하루 있었던 일들을 성찰하면서 배운 점이나 깨달은 점을 발표하는 것을 들으니 학생들의 배움과 성장이 입학했을 때보다 깊어짐을 느꼈다. 모임 끝나고 고구마도 구워 먹고, 마시멜로도 나뭇가지에 꽂아 구워 먹었는데 학생들의 밝고 즐거운 모습에 괜스레 내 마음도 행복해졌다.

드디어 2022년 은여울고 아웃도어 3개 프로그램을 마무리했다. 수고 많았어, 애들아!! 그리고 애썼어, 내 자신아!!

김진경

자유를 외치던 철부지 교사,

은여울을 만나 '함께' 사는 법을 배우다.

산과 들을 좋아하는 자연인,

세상은 넓고 할일은 많다는 사실이

너무 즐거운 호모 루덴스.

나는 왜 은여울 교사가 되었을까

'선생님, 은여울에서 근무하실 생각 없으신가요?'
내가 한 대답은 '제가 아직 많이 부족해서…….
생각해 보겠습니다' 였지만,

오래된 차가 힘겹게 언덕을 오른다. 액셀을 힘껏 밟아 서너 개의 언덕을 오르락내리락 하면서, 시골의 흔한 논밭을 지나며 '도대체 이 학교는 얼마나 더 가야 있는 거야!' 라는 생각을 할 때쯤 장면이 바뀐다.

꽤나 심한 경사의 내리막을 달리는 창밖으로 미호천에서 반사된 빛들이 반짝인다. 길 옆에는 서너 채의 집들이 평화롭게 서 있고 이름 모를 꽃들이 흔들리며 피어있다. 아침 식사를 위해 미호천에 내려앉은 백로와 왜가리가 생동감있는 그림을 연출한다. 그리고 마치 오즈의 숲 안으로 들어가는 문처럼,

새로운 세상과 연결되는 통로처럼 메타세콰이어 나무가 신비로운 모습으로 서 있다.

1년 반 동안 매일 아침마다 이 아름답고 신비한 모습을 보며 출근하는 나는 은여울 2년 차 교사이다.

정해진 운명은 없다고 믿는다. 하지만 적어도 인생이 흘러가는 방향성은 분명히 존재한다. 우리 반 급훈('니 꼴리는 대로 살아')처럼 내 꼴리는 대로 살아온 나의 인생의 방향성은 어디로 향하고 있길래 은여울 교사가 되었을까.

교사가 꿈이었던 적이 없는 내가 교사가 되겠다고 마음먹은 순간이 임용고시를 네 번 떨어지고 다섯 번째 시험에 응시하던 순간이었고, 교사가 된 다음에도 내가 교사답게 느껴진 적이 별로 없었다. 제천 의림여중에서 교직생활을 시작했다. 첫 담임반이었던 1학년 5반 학생들과의 만남이 아직까지 생생하다. 초롱초롱한 눈으로 날 응시하던, 앙증맞고 귀여웠지만 정말 말썽이 많았던 우리 반. 가뜩이나 학생들과의 관계에 서툴던 나는 우리 반 학생들 수업도 맡지 못하며 일주일에 두 번 교외의 고등학교로 순회수업을 가게 되었고, 담임이 자주 자리를 비우면 늘 그렇듯, 우리 반은 무질서와 혼돈의 상태가 되었다. 순회 다녀오면 늘 누군가에게 불려가 학생들과 학급에 대한 불평불만에 시달렸다. 그리고 그 스트레스가 고스란히 우리 반 학생들에게 돌아가는 악순환이 반복되었다. 소리를 하도 질러 성대결절에 걸린 적이 있을 정도다. 그럼에도 불구하고 늘 학생들이 사랑스러웠다. 선배 교사들이 '구제불능', '문제아' 라고 규정짓는 학생들이 내 눈에는 그저 사춘기 소녀에 불과했고, 누구나 겪는 시절을 조금 격하게 겪고 있을 뿐이라고 여겨졌다. 학생들 이야기는 제대로 들어본 적 없는 꼰대들의 비난을 뒤로하고, 나는 학생들에게 즐겁고 행복한 학교생활을 선물하고 싶었다.

방학 때면 내가 먼저 학생들이 보고싶어 계곡으로, 놀이공원으로 불러냈다. 2학년이 된 학생들이 멋지게 연극제를 해내고, 축제 때 학급공연을 위해 저녁 늦게까지 남아 연습하고, 3학년이 되어 학생회를 이끌어 가는 모습을 보며 가슴이 먹먹할 정도로 학생들의 성장에 감사했다. 교직 첫 해, 수업에 들어갈 때마다 욕설과 반항으로 속을 울렁거리게 만들었던 1학년 7반의 한 학생이 2학년 학급공연을 이끌면서 예술에 대한 자신의 재능을 인식하고 끝내 예술대학에 입학하여 연락이 왔을 때, 그 반가움을 잊을 수가 없다. 학생들이 문제가 아니라, 학생들이 지닌 모습 그 자체를 바라보지 못한 교사가 문제임을 깨닫는 순간이었다.

부푼 꿈까지는 아니었지만, 오랜 임용 준비 후 합격한 나는 나름의 긍지와 미래에 대한 희망을 품고 학교로 갔다. 그러나 20년 전 규칙들이 여전히 적용되고 있는 현실, 비민주적이고 폭력적이며 억압적인 학교 문화 속에서 답답함을 자주 느꼈다. 내 힘으로 어쩔 수 없다는 생각을 하며 맞지도 않는 옷을 입고 위장하며 살아갔다. 역사교사로서 역사수업이 재미있기도 했지만, 시험 때만 되면 어쩔 수 없이 진도를 걱정해야 하고, 실제 삶과 연결된 것이 아닌 교과서의 내용을 시험문제로 다루면서 결국 성적이 중요하고 점수가 중요하다고 가르치는 것은 아닌지 죄책감이 들 때가 많았다.

그래서 교실 밖으로 나가 학생들과 노는 것이 더 재미있고 의미있게 여겨졌다. 역사동아리 활동을 하며 학생들이 먼저 독도 문제, 위안부 문제와 같은 현실의 문제를 제기하고, 탐구하고, 실천하는 모습을 지켜보며 함께 고민했다. 신규 때부터 학교 공간을 활용해 텃밭 가꾸기를 할 때마다 우리 반 학생들과 함께하려고 노력했다. 흙에서 한 생명을 키워내고 흙 만지며 노는 것이 나에게도, 학생들에게도 학교생활의 큰 즐거움이었다. 예술교과 선생님들이 주로 맡는 축제 업무가 나에게는 늘 꿈이었고, 결국 축제를 담당했을 때 학생들과 후회없이 놀았다. 자연과 교감하는 즐거움을 학생들과 함께 느끼고 싶어, 캠핑이나 등산과 같은 아웃도어 활동을 우리 반 학생들과 함께했다.

교실에서 수업만 하면 잘 몰랐을 학생들의 모습을 교실 밖에서 많이 관찰할 수 있었고, 다양한 분야에서 다양한 모습으로 성장하고 있는 학생들을 보며 큰 감동도 느낄 수 있었다. 교사의 역할은 그저 지식을 잘 전달하는게 아니라 판을 잘 깔아주면 되는 것이라는 깨달음이 있었다.

공부 잘하고 학교생활에 모범적인 학생들이 예쁘고 대견했지만, 늘 관심이 가는 학생들은 교사의 말을 곧이곧대로 듣지 않고 대꾸하는 학생들, 자신의 의견을 이야기하는 학생들, 반항하는 학생들이었다. 학교생활에서 어려움을 겪는 학생들이 늘 눈에 밟혔고 도움을 주려고 노력했지만 잘 되지 않았다. 의욕만 가득할 뿐 아는 게 없는 나로서는 크게 도울 수 없는 지점이 느껴졌다. 고민을 함께 나누고 싶었지만 학교에서는 그럴 수 있는 형편이 아니었다.

그러다 '대안교육 연구회'를 만났다. 비슷한 고민을 지닌 교사들과 아픔을 나누고, 함께 연구한다는 것은 지금껏 학교에서 경험해보지 못한 큰 즐거움이었다. 다양한 분야에서 활약하고 있는 선생님들을 보며 새로운 자극을 받고 많이 배울 수 있는 시간이었다. 교직 7년 차에 이르러서야 '어떤 교사가 될 것인가'를 고민하며 교직관, 인생관, 세계관을 나름 세우는 순간이었다.

그럼에도 학교에서는 계속해서 좌충우돌했다. 7년 간 여중에서 근무하며 온실 속 화초처럼 지내 온 교직생활을 반성하고, 남학생들을 만나기 위해 남녀공학 학교로 갔다. 이른바 '문제아', '학교부적응아'로 일컬어지는 학생들이 많았던 2학년 남학생 반의 담임을 신청했다. 동물적인 본성만 남은 듯한 남학생들의 성향에 적응하느라 한 학기를 보내고, 그 학생들을 데리고 3학년까지 함께했다. 이른바 '꾸러기' 라고 애칭하는 학생들 몇 명이 매일 사건 사고를 일으켰고, 그 학생들을 대상으로 선도위원회와 학교폭력자치위원회가 몇 번이나 반복되었지만 변화는 없었다. 상벌제와 같은 학교 시스템을 비판하며 뜻이 맞는 선생님들과 이런저런 프로그램을 통해 학생들에게 다가가고자 노력했지만 근본 원인을 건드리지 않는 한 변화는 어려웠다. 여전히 부족한 나의 수준에 실망하고 반성하며 이를 해결하기 위해 끊임없이 연구회 문을 두드릴 수밖에 없었다. 학생들의 문제행동 이면에 있는 원인을 찾고, 학생을 이해하기 위해 공부를 할 수밖에 없었고 그러다 보니 자연스럽게 상담, 대안교육과 연결되었다.

2020년이 끝나가던 어느 날 연구회 선생님으로부터 전화가 왔다.

'선생님, 은여울에서 근무하실 생각 없으신가요?'

내가 한 대답은 '제가 아직 많이 부족해서……. 생각해 보겠습니다' 였지만, 이미 마음속에서는 결정을 내린 뒤였다.

2021년, 나는 은여울 교사가 되었다.

교사가 된 첫 해부터 지금까지, 내가 '교사답게' 느껴진 적이 별로 없다. 그래서 교사라는 직함을 이야기할 때 여전히 어색함을 느낀다. 신규 때부터 늘 좌충우돌하던 내가 그나마 교사라고 불릴 수 있는 이유는 함께하고 있는 학생들을 향한 애정만큼은 진심이기 때문 아닐까. 은여울에 오는 학생들뿐만 아니라 아픔과 상처를 갖고 있는 많은 학생들이, 결국 상처를 치유하고 성장할 수 있으리라는 믿음을 갖고 있기 때문 아닐까.

신규 때 속을 울렁거리게 만들었던 학생이 예술가로 성장하고, 내 인생에서 꺼지라고 소리치던 학생이 대학에 들어가 자신의 길을 가고, 2년 전 졸업한 '꾸러기' 들이 고등학교에 가서 좌충우돌하면서도 잘 성장하고 있다는 소식을 듣는다. 몇 개월 만에 부쩍 달라진 학생들의 외모만큼이나 내면도 성장해 있음을 확인한다. 교사로서, 어른으로서 갖는 불안과 욕심을 내려놓는 순간 학생들이 제대로 보이기 시작한다.

반짝반짝 빛나는 미호천을 바라보며 오늘도 나는 햇살이 신비롭게 내려오는 메타세콰이어 길을 지나 은여울로 간다. 불안과 두려움은 사라지고, 오늘은 어떤 일이 일어날까, 즐거운 기대를 하게 되는 순간이다.

길 위에서 삶을 배운 해파랑길 탐사

우리는 길 위에서 서로를 사랑하는 법,
감동을 나누는 법, 나를 용서하는 법,
화해하는 법을 배웠고, 진정한 기쁨과 행복을 맛보았다.

새로운 시작으로 가슴 설레는 일들이 가득한 3월, 충북 최초의 공립 대안고등학교인 은여울고등학교는 '나를 찾아 떠나는 해파랑길 신입생 캠프' 라는 매우 특별한 프로그램으로 개교 후 첫 활동을 시작했다. 3월 9일(화)부터 3월 19(금)일까지, 10박 11일 일정으로 고성에서 양양, 속초, 강릉, 동해까지 우리는 약 150Km의 해파랑길을 걸었다. 55개가 넘는 해변과 해수욕장을 지나치며 우리는 과연 무엇을 보고 경험하고 느꼈을까?

개교 후 5일 만에 떠난 해파랑길 탐사대. 10박 11일을 걸어야 하는 부담감을 배낭의 무게처럼 느끼며 학교를 출발한 우리들의 대장정은 부서지는 햇살을 받으며 고성 가진항에서 시작된다. 해팀(김모수안, 백효리, 황정우, 김선협, 김기형 선생님), 파팀(장지연, 강여천, 김수찬, 김다니엘, 김진경 선생님, 박명진 선생님), 랑팀(한세라, 갈대호, 채희서, 염태현, 문성효 선생님, 이영선 선생님), 길팀(지원팀 김영식 선생님, 이은석 선생님)으로 팀을 나누고 팀 내에서의 역할도 바꾸어 가며 길을 걸었다.

기분 좋은 날씨 속에 가뿐하게 걸었던 첫날과 달리, 새벽 6시 반에 일어나 아침을 먹고 8시 반에 출발해도 오후 6시가 되어서야 목적지에 도착하는 매일의 일정은 만만치 않았다. 캠핑장에 도착하면 몸의 피로를 풀 새도 없이 내가 잘 텐트를 직접 설치해야 했고, 내가 먹은 식기류도 직접 설거지해야만 했다. 하루를 성찰하는 일기 쓰기와 이를 나누는 저녁모임은 매일 1시간 넘게 이어졌다.

아직 차가운 강원도의 공기는 침낭 속으로 스며들어 숙면을 방해했다. 내 짐의 무게가 어깨, 다리, 골반, 무릎, 발의 통증으로 이어지고, 우리의 발가락에는 훈장처럼 물집이 점점 늘어갔다. 날이 갈수록 학생들의 투정과 푸념도 커져만 갔다. "도대체 왜 걷는 건지 모르겠어요", "힘들기만 하고 아무 의미도 찾을 수 없어요"

해파랑길 걷기 4일째 되던 12일, 종일 비가 내렸다. 설악해맞이공원에서 하조대까지 약 22Km, 일명 '고난의 행군'이라 이름 붙인 이날의 행군으로 해파랑팀은 위기를 맞이하고, 낙오하는 학생도 발생했다. 첫날부터 수시로 발생하는 갖가지 상황에 대처하느라 잠도 못 자고 함께 고민을 나누었던 선생님들, 그리고 함께 걸어온 학생들의 가슴에 구멍 하나가 뻥 뚫리는 날이었다.

하지만 상처가 우리를 더욱 강하게 만든 것이었을까? 먼 길을 걸어온 학생들 마음속에 무언가 변화가 일어나기 시작한 것이었을까? 가장 힘들었던 일정을 버텨낸 학생들은 더욱 단단해진 모습으로 해파랑길을 걷기 시작했다. 가장 긴 코스를 걸었던 13일, 여전히 힘들고 어려운 과정이긴 하지만 버텨낼 수 있다는 자신감, 완주에 대한 의지가 생겨난 듯 묵묵히 자신의 길을 걸어갔다. 그렇게 동해 묵호항을 돌아 정동진까지, 바닷길과 산길을 지나 목적지에 도착했다.

해파랑길 위에서 우리가 보고 경험한 것, 그리고 우리가 만난 사람들이 우리에게 힘이 되지 않았나 생각해 본다. 걷는 내내 우리와 함께한 동해바다의 파도, 우뚝 솟은 설산으로부터 용기와 힘을 얻었다. 강릉 앞바다에 길게 늘어선 푸른 소나무 숲에서 지친 몸과 마음을 편히 쉬며 우리 땅의 아름다움을 진정으로 느꼈다. 한참 동안 파도 앞에서 보낸 '솔로타임(나를 찾는 시간)'은 학생들뿐만 아니라 나에게도 의미 있는 질문과 사유를 할 수 있는 시간이었다.

은여울성장공동체 철학처럼 '받기보다 주기를 먼저 하는 사람'들로부터 많은 배움을 얻을 수 있었다. 상처 입고 지저분한 우리의 발을 치료해주신 순천향대학교 부천 병원 임훈 교수님의 노고로 학생들은 마음의 안정을 얻었다. 해파랑길 책을 쓰신 이동미 작가의 방문은 작가가 꿈인 강여천 학생에게 희망을 주었고, 학생들이 함께 마음을 나누는 시간이 되었다. 교장선생님, 교감선생님, 심정희 선생님은 왕복 8시간 거리를 달려와 함께 걷고, 밥을 짓고, 설거지를 하며 우리의 짐을 덜어주었고, 학생들의 눈물을 닦아주고 안아주셨다. 헌신이란 '몸과 마음을 바쳐 있는 힘을 다하는 것'을 말한다. 해파랑길 탐사를 계획하고 추진한 김영식 선생님은 큰 기둥처럼 우뚝 서서 헌신적으로 우리 모두를 돌보고, 모든 일정을 챙겨주셨다. 학생들의 짐을 조금이라도 덜어주고자 노력하신 이은석 선생님도 매일 아침, 저녁 식사를 헌신적으로 챙겨주셨다.

해파랑길 탐사에서 얻은 가장 큰 선물은 '우리'가 포기하지 않고 끝까지 '함께' 걸었다는 것이다. 첫 만남의 어색함은 해파랑길을 걸으며 점점 무뎌지고, 어느 순간 우리는 서로의 삶 속으로 깊이 들어가 삶을 나누었다. 이야기하며 걸었던 수많은 시간 속에서 서로를 이해하게 되었다. 저녁 모임에서 서로의 경험과 생각을 공유하고 느낌을 나누며 공동체 정신을 만들어갔다. 우리는 길 위에서 서로를 사랑하는 법, 감동을 나누는 법, 나를 용서하는 법, 화해하는 법을 배웠고, 진정한 기쁨과 행복을 맛보았다. 포기하지 않고 끝까지 '함께' 걸어간 '우리'가 있었다는 것을 앞으로 걸어갈 모든 길 위에서 기억하길 바란다.

2022, 다시 해파랑길 위에 서다

너희에게 맞는 속도대로 가면 된다.
조금 더디고, 조금 아플지라도
너희에게 맞는 속도대로 가며 성장하면 된다.

3월 20일. 'Every clouds has a silver lining'

3일 동안 고난의 행군을 했다. 이틀째 하루 종일 비를 맞은 데 이어, 어제는 하루 종일 눈이 내렸다. 모두 지쳤고, 아팠고, 짜증나고, 화도 났다. 그러나 끝까지 함께 걸었다.

그렇게 고난의 행군을 한 후 우리가 맞이한 오늘은 어두운 구름을 뚫고 한 가닥 비친, 그래서 어둠 속에서도 세상을 비추는 그런 빛과 같았다. 해파랑길도, 인생도, 그렇게 늘 한 줄기 빛이 있다.

이제는 10km의 거리가 산책처럼 느껴진다는 학생들과 아름다운 강릉 해변을 걷는 날이다. 유독 내가 함께하고 있는 우리 고1 학생들 생각이 많이 났다. '담임' 이라는 단어가 주는 어마어마한 무게감. 그 단어 하나로 학생들을 대하는 마음이 작년과 사뭇 다르다. 짠하고, 아프고, 때로는 그냥 보기만 해도 기분이 좋고, 화가 밀려올 때도 있다. 작년과 달리 학생들에게 욕심이 나는 나를 발견한다.

더 잘 했으면 좋겠고, 더 잘 걸었으면 좋겠다.
더 배려했으면 좋겠고, 더 협력했으면 좋겠다.
덜 아파했으면 좋겠고, 아픈 자신을 잘 돌봤으면 좋겠다.
내가 아플 때 남도 아플 수 있다는 것을 알았으면 좋겠다.
아픔을 잘 극복했으면 좋겠다.
가끔 혼자여도 괜찮다고 얘기해 주고 싶다.
남이 보는 내가 아닌, 내가 나를 잘 봐주고 사랑하는 사람이 되었으면 좋겠다.

그러나, 이건 담임으로서 갖는 나의 욕심인 것이다.

잘 하고 있다.

너희들은 이미 잘 하고 있다.

더 하길 바라는 건 나의 욕심이다.

너희에게 맞는 속도대로 가면 된다. 조금 더디고, 조금 아플지라도 너희에게 맞는 속도대로 가며 성장하면 된다. 누군가에게 맞춘 내가 아니라 나대로의 나로 성장하면 된다.

이것 또한 나의 욕심이겠지만, 너희를 사랑하기 때문에 생기는 욕심인가 보다.

3월 23일. '해파랑길 위에서 해파랑길을 생각하다'

그동안 지나왔던 그 어떤 숙소보다도 따뜻한 바닥에서 잠을 잤다. 아침에 일어났을 때 그렇게 상쾌한 기분은 정말 오랜만이었다. 이제 우리에게 남은 거리는 28.6km. 오늘과 내일만 걸으면 그리운 집으로 간다. 그래서 기분이 좋았나 보다.

오늘 걷는 18.6km의 거리가 이제는 별것 아니게 느껴진다는 학생들을 보며 2022년 '나를 찾아 떠나는 해파랑길'의 의미에 대해 생각해 본다.

은여울고등학교 시작을 알리는 첫 교육과정으로 낯선 곳에서 처음 만난 우리가 함께 걷고, 함께 먹고, 함께 자면서 관계 맺기를 시작한다. 9박 10일 간 한 시도 떨어지지 않고 함께한 우리에게는, 그 어떤 과정을 통해서도 쉽게 얻기 어려운 끈끈한 관계가 형성된다. 적어도 그러한 관계를 위한 시작점으로서의 역할을 톡톡히 한다. 앞으로 우리들은 학교 수업뿐만 아니라 이어지는 아웃도어 활동을 함께하며 더욱 깊은 관계를 만들어 갈 것이다.

은여울고등학교에서 강조하는 자립, 성찰 부분에서 우리 학생들은 어떠했을까.

많은 상처를 지니고 있는 학생들이기에 해파랑길을 걸으며 '자립'을 추구하는 것은 쉽지 않은 일이었다. '자립' 이란 홀로 서는 것. 그리고 내가 '나'로서 바로 서려면 우선 '나'는 어떤 사람인지에 대한 자기 성찰이 필수라고 본다. '나는 은여울고에 왜 왔는가, 은여울고에서 나는 무엇을 하고 싶은가, 나는 지금 해파랑길을 왜 걷고 있는가.' 라는 질문을 스스로 던지고, 해파랑길 위에 서 있는 나의 모습을 똑바로 바라보는 것. 내가 '나' 로서 바로 서려면 무엇이 필요한지 생각하는 것은 아직 우리 학생들에게는 힘든 일이다. 자기 짐을 꾸리고, 신발 끈을 고쳐 매고, 내 몸에 맞게 옷을 입고 벗고, 시간을 지키고, 내가 있던 자리를 깨끗이 하고, 내가 맡은 역할을 하는 것도 아직 힘든 학생들이다.

그러나, 우리 이제 막 시작한 것이다. 그리고 우리는 이 시작점에서 나름의 어려움을 나름의 방식대로 이겨내고 해결하며 여기에 다다랐다. 포기하지 않고 여기까지 와준 학생들이 대단하게 느껴진다.

그렇게 해파랑길 위에서 우리는 관계 맺기를 시작했고, 지금 현재 나의 상태를 알아가기 시작했다. 시작이 반이라고 했고, 첫 술부터 배부를 수 없다는 명언을 온몸으로 느낄 수 있었던 해파랑길. 우리 학생들이 앞으로 저마다의 해파랑길을 또 다시 걷고 걸으며 실패하고 성공하길 바란다. 계속되는 경험과 관계 속에서 스스로 설 수 있는 사람이 되기를 희망해본다.

믿음으로 걸어간 백두대간

백두대간 종주를 통해 많은 역동을 보인 우리 학생들.
갈등도, 상처도, 실패도 없는 성장은 없듯이
이러한 역동이 학생들 성장에 도움이 되었으리라 믿는다.

다시 산을 오른다.

산은 어린 시절의 나에게는 놀이터이자 삶의 터전이었고, 젊은 시절에는 도전의 대상이었다. 중년을 바라보는 지금은 산이 불러서 간다. 아니, 내가 산을 부르며 간다.

그렇게 산과 불알친구처럼 지내며 살아온 내게 산처럼 자연스럽고 편안한 것은 없다. 아무것도 요구하지 않고 그저 내어주거나, 모든 것을 받아낼 뿐이다.

작년에 이어 올해도 '도대체 우리가 산에 왜 올라야 하는 거죠?' 라고 묻는 학생들과 함께 다시 산으로 향한다. 경험을 했든, 하지 않았든 상관없이 준비과정부터 입이 댓발 나온 학생들과 소백산 마구령부터 비로봉을 지나 다리안 계곡까지 4일 동안 백두대간 길을 걸었다.

누군가는 저항심을 지니고, 누군가는 두려움을 안고, 누군가는 체념하고, 또 누군가는 받아들이며 산행을 시작했다. 나 또한 우리 반 학생들이 끝까지 잘 걸을 수 있을까 하는 불안과 걱정이 있었지만, 할 수 있을 것이라는 믿음을 지니고 출발한다.

첫날 도착해서 본 소백산의 날씨는 이런 믿음을 보다 확고하게 해주었다. 작년에 비가 내려 진창이 된 산길을 걸으며 맛본 고통에 비하면 축복과도 같은 날씨였다. 학생들 표정도 날씨 만큼은 아니지만 밝다.

9.4km의 첫날 산행은, 체력이 약한 학생들이 어려움을 겪기도 하였으나 모두 목적지까지 무사히 도착했고, 앞으로의 산행 또한 닥치는 어려움을 극복할 수 있으리라는 믿음을 갖게 했다.

그러한 믿음으로 3일을 더 걸었다.

모든 것은 마음으로부터 시작되고 끝난다는 말이 있다.

'학생들이 다치면 어쩌지.'

'중간에 너무 힘들어 쓰러지면 어떻게 도와줘야 하지.'

'조금 더 갈 수 있는데 금방 포기하면 어쩌지.'

'학생들의 불만과 불평을 잘 받아낼 수 있을까.'

'내 몸은 잘 버틸 수 있을까.'

수시로 떠오르는 모든 불안과 두려움을 뒤로하고 학생들이 할 수 있다는 믿음, 함께하는 선생님들에 대한 믿음, 그리고 나에 대한 믿음을 지니고 걸었다.

그 결과, 우리는 모두 안전하게 처음 출발했던 장소에 함께 있다.

포기하지 않고 자신이 할 수 있는 만큼 자신의 속도대로 걸은 우리 학생들과 모든 과정을 해낼 수 있도록 지원해 주신 선생님들께 말로 표현할 수 없을 만큼 감사드린다.

우리 반 학생들 모두와 옆에서 걷지 못한 것이 아쉬웠지만 걷는 내내 내 옆에는 학생들 모두가 있었다. 2학년 친구들 5명이 없어서 빈자리가 느껴졌지만 한편으로 남아있는 친구들이 든든하게 빈 자리를 채워주었다. 작년을 생각하면 상상할 수 없을 정도로 성장한 호윤이, 미정이, 수찬이, 환희, 한나, 선희…… 그리고 준호까지. 선배들의 경험이 교사의 조언보다 훌륭한 길잡이가 되어 준다는 것을 이번 백두대간 종주를 통해 확인할 수 있었다. 이런 선배들이 있기에 후배들이 선배의 그림자를 따라 걷지 않았을까 싶다.

백두대간 종주를 통해 많은 역동을 보인 우리 학생들.

갈등도, 상처도, 실패도 없는 성장은 없듯이 이러한 역동이 학생들 성장에 도움이 되었으리라 믿는다. 인생이라는 산을 오르다가 내려오는 것은 실패가 아니다. 다시 연습하고, 다시 시도하면 된다. 또는 산을 오르지 않고 나만의 길을 갈 수도 있다.

그렇게 자신의 길을 찾아가면 된다.

나와 주변에 대한 믿음으로 백두대간을 걸었고, 백두대간 위에서 학생들 또한 자신에 대한 작은 믿음 하나 생겨났기를 바란다.

낯선 세상과 만나며 성장하는 우리

제대로 할 줄 아는 것이 없었던 3월의 해파랑길과 5월의 백두대간 위에서 우리는 수없이 실수하고, 부딪히고, 갈등하고, 화해하며 배워나갔다.

3일 간 텐트를 치고 추위 속에서 잠들었다. 그리고 돌아온 우리들의 집…. 따뜻한 온기와 포근한 베개가 이리도 소중한 것인지 우리는 집을 떠나봐야 안다. 해파랑길과 백두대간을 지나 이번 물길 탐사까지, 우리는 편안함을 포기하고 저 문을 박차고 밖으로 나갔다.

익숙한 환경을 벗어나 낯설고 새로운 곳으로 향하는 것에 대해 생각해 본다.

왜 굳이 우리는 스스로를 그런 환경에 처하게 하는가.

왜 굳이 우리는 학생들을 그런 환경으로 내모는가.

해파랑길 150km, 백두대간 충북 구간, 그리고 이번 물길 탐사까지. 우리 모두는 편안한 집, 익숙한 학교를 벗어나 9박 10일 간 바닷길을 걸었고, 4박 5일 간 비가 내리는 산속을 등반했으며, 암벽을 오르고 내리는 위험을 감수했다. 그리고 얇디 얇은 조립식 배에 올라 노를 저었다.

두려움, 기대감, 거부감, 호기심, 혐오, 용기, 흥분, 귀찮음, 즐거움. 낯설고 새로운 환경을 대할 때 우리는 어떤 모습을 보이는가. 우리 학생들이 그동안의 활동을 준비하는 과정에서 느낀 감정들은 부정적인 것들이 대부분이었던 것 같다. '궁금하다, 기대된다, 재미있을 것 같다, 빨리 가고 싶다.' 라는 이야기는 들어보지 못했다. 하지만 활동 이후의 반응은 조금 다르다. 학생들마다 약간의 차이가 있지만 즐거움과 기쁨, 감사함, 용기 등 긍정적인 반응을 보인다. 그리고 학생들마다 속도가 다르긴 하지만 성장해 나간다.

해파랑길부터 변치 않았던 목표인 '자립', 즉 스스로 집 짓기, 밥 짓기, 꿈 짓기가 10월 물길 탐사에 와서야 모습을 갖

추기 시작한다. 장비 사용법을 익히고, 장비를 챙기고, 팀원들과 협력하여 텐트를 치고 밥을 짓는다. 한 배를 탄 동료와 서로 호흡을 맞추며 노를 젓는다. 누군가 지시하지 않아도 각자가 자신의 할 일을 알아서 해 나간다. 교사와 학생을 나눴던 보이지 않는 선이 흐려지며 서로 조화롭게 어우러진 모습으로 모든 것을 함께했다.

제대로 할 줄 아는 것이 없었던 3월의 해파랑길과 5월의 백두대간 위에서 우리는 수없이 실수하고, 부딪히고, 갈등하고, 화해하며 배워나갔다. 그리고 10월의 우리는 그때보다 성장한 모습으로 여기에 있다.

익숙한 환경을 벗어나 낯설고 새로운 환경으로 우리를 내보내야 하는 이유가 여기에 있다. 익숙한 곳은 편안하고 안정적이며 믿음을 주는 곳이다. 우리들의 집이 그렇고 우리 학교가 그렇다. 우리는 여기에서 힘을 얻는다. 밖으로 나가 실패했을 때 다시 일어설 힘을 얻는다. 세상 밖으로 나아가 부딪히고 깨지고 다시 일어서는 경험을 통해 우리 모두는 성장해 나간다. 해파랑길, 백두대간 위에서 수없이 부딪히고 깨졌던 우리는 다시 일어섰고, 물길 탐사 과정에서 한층 성장한 모습으로 서로를 위로해 주며 함께했다.

이 길 위에서 나 또한 변화를 느낀다. 자연과 함께한다는 것은 나에게 축복이고 행복이며 나를 살리는 일이었다. 그것을 '홀로' 즐기는 기쁨만 알았던 내가 좋아하는 것을, 좋아하는 사람들과 함께할 때 얼마나 큰 희열이 느껴지는지 알게 되었다. 15명의 은여울고 구성원이 함께 눈 뜨고, 함께 밥을 먹고, 함께 한 배를 타며, 함께 아픔을 나누고, 함께 아름다운 자연을 즐기며, 함께 안전히 집으로 돌아와, 함께 짐 정리를 하며, 함께 마무리하는 지금. 이 순간 나는 모든 것이 더 나아진, 행복한 순간임을 느낀다.

100일 편지

서로의 상처를 알아봐주고,
안아주며 스스로의 상처 또한 조금씩 치유되었을까?
그런 너희들의 모습을 보며 '그래, 혼자 가는 것이 아니라
나도 너희와 함께 가는 것이구나.'

안녕 지윤아

안녕 상민아

안녕 서희야

안녕 유경아

안녕 준영아

안녕 미희야

안녕 선영아

안녕 혜정아

안녕 성훈아

나의 꽃 같은 존재인 너희들과 만난 지 100일이 되는 오늘을 기념하며 편지를 쓴다.

100일이라는 시간이 찰나의 순간같이 느껴지기도 하고, 아스라이 먼 시간처럼 느껴지기도 하는구나.

교사로서 늘 담임을 해왔음에도 불구하고 은여울에서 담임을 맡는다는 것은 나에게 용기가 필요한 일이었어. 너희의 담임이 되어 좋은 영향을 주고, 한 명 한 명에게 사랑을 주고, 모두에게 최선을 다 할 수 있을까…….

그렇게 두려운 마음을 안고 처음 너희들을 만난 1월 15일.

담임이 될 줄 모르고 만났던 친구들을 비롯해 면접자료와 생기부 속 글자로 만났던 너희들을 직접 만났던 그날. 아직 내가 담임인 줄 모르는 너희를 보며 나 혼자 가슴 설렜었지.^^

그리고 곧 다시 만난 너희들과 함께한 9박 10일 간의 해파랑길 위에서 난 담임이 되어 너희들을 내 마음속에 '각인'했다. 너희들이 내 마음속에 한 명 한 명 깊게 새겨진 것이다.

해파랑길 위에서
혼자 가지 않고 손잡고 가던 너희들.
추울 때 서로의 체온으로 버티던 너희들.

힘든 순간 함께 노래 부르며 나아가던 너희들.
앞서 나가다가도 뒤를 돌아보고
뒤처진 친구를 기다려 주던 너희들.
무거운 가방을 선뜻 들어주고
아픈 친구를 걱정하던 너희들.
각자 가진 상처가 드러나 걷는 내내 너희를 아프게 하고 힘들게 했지만, 결국 마지막에 가서 서로를 챙기는 너희들.

서로의 상처를 알아봐주고, 안아주며 스스로의 상처 또한 조금씩 치유되었을까?
그런 너희들의 모습을 보며 '그래, 혼자 가는 것이 아니라 나도 너희와 함께 가는 것이구나. 함께 가면 되겠구나.' 라고 생각했단다.

4월은 많은 친구들에게 좀 힘든 달이었던 것 같아.
해파랑길을 다녀온 후 학교생활에 적응해야 했으니까.
9명 모두 각자의 어려움으로 고생했던 그 잔인한 4월에
하늘은 어찌나 푸르고 자연은 어찌나 여리여리한 빛으로 가득했었는지…….
흔들리며 피는 꽃처럼 흔들리는 너희들을 보는 내 마음도 4

월 한 달 동안 세차게 흔들렸단다. 잘 이겨내리라 믿음을 갖고 있었지만 아파하는 너희들을 보는 것이 내내 아픈 4월이었다.

그렇게 잔인한 4월이 지난 후 찾아온 5월, 우리는 백두대간을 걸었어.

연습이 충분하지 않아 너희들이 고생할 것임을 미리 알았지만, 강제로 연습시킬 수도 없었고 그러고 싶지도 않았다. 가서 스스로 깨달으면 다행이라고 생각했단다.

하늘은 해파랑 때의 고생을 갸륵하게 여겼는지 백두대간 내내 축복 같은 날씨를 선사했고, 우리는 반짝이는 소백산 길을 걸었지. 첫날 너희들 모두가 목적지까지 도착했을 때 앞으로 3일도 잘 걸어낼 거라는 믿음이 생겼어.

모든 것은 내 마음이 만들어 내는 것이란다.

백두대간 걷기 전부터

너희들이 다치지 않을까.

중간에 너무 힘들다고 쓰러지면 나는 어떻게 도울 수 있을까.

조금 더 갈 수 있는데 금방 포기하지 않을까.

하는 모든 불안을 뒤로하고 너희들이 할 수 있다는 믿음.

그런 너희들 옆에서 끝까지 함께 걸을 수 있다는 믿음을 가졌는데…….

포기하지 않고 자신이 할 수 있는 만큼, 자신의 속도대로 걸어준 너희들에게 정말 감사했단다.

100일을 함께해 오면서 처음보다 달라지고 있는 너희들의 모습을 보게 돼. 여전히 방황하는 청춘이지만, 그게 청춘이 가진 매력 아니겠니?

그저 담임인 내 눈에는 늘 꽃처럼 예쁘고 다양한 매력을 지닌 너희들이 스스로 '나'의 존재에 당당해졌으면 좋겠어.

부모님이 보는 '나', 친구들이 보는 '나', 선생님들이 보는 '나'에서 벗어나 내가 '나'를 제대로 봐주고 사랑해 줬으면 좋겠어.

"내가 너의 이름을 불러 주었을 때 그는 나에게로 와서 꽃이 되었다" 라는 김춘수의 시 알지?

이미 꽃인 너희들의 모습을 담임인 내가 보았다면,

너희들도 스스로가 꽃인 줄 금방 알게 될 거야.

나에게로 와줘서 정말 고맙다.

늘 부족한 나를 9가지 색깔로 채워주는 나의 고1 친구들에게….

- 너희들의 담임 진경쌤이

수찬이는 수찬이니까

2021년, 설레는 마음으로 은여울고등학교 학생들을
처음 만난 날, 한마디도 하지 않고
잠만 자던 녀석이 있었다.

전화기를 잡았다 놓았다 한다.
전화를 걸까 말까 한동안 계속 고민하는 내 모습을 본다.
전화기 속에 쓰여진 이름 '은여울 수찬이'
그렇게 한참을 망설이는데 마침 카톡 알림 소리가 울린다.
'저 잘 도착했어요.'

오늘은 수찬이가 인턴십을 나가는 첫날이다. 가기 전부터 말도 많고 탈도 많았던 교육과정인데다 좀처럼 움직이지 않던 수찬이가 겨우겨우 움직여 결정한 곳이기에 시작 전부터 걱정이 많았다.

은여울고등학교의 인턴십 교육과정은 자기 이해를 바탕으로 행복한 삶이란 무엇인지, 어떻게 살아갈지를 탐구하고, 일의 경험을 통해 기능적 측면뿐만 아니라 일하는 사람들의 가치와 삶의 태도를 배우는 교육과정이다. 이를 통해 타자와 사회를 이해하며 스스로 삶을 개척할 힘을 키울 수 있기를 기대한다. 1학년 때 행복 프로젝트를 통해 행복에 대해 고민해 본 학생들이 2학년에 올라와 직접 세상과 만나게 되었다. 1학기에는 주로 지역사회에서 선한 영향력을 미치는 단체나 멘토를 찾아가 대안적인 삶의 현장과 만날 수 있도록 계획하였으나, 학생들의 관심도나 흥미를 고려하지 않은 주제로 몇몇 학생들은 시작부터 계획대로 움직여주지 않았다.

자기 표현대로라면 '아무 것에도 관심없는' 수찬이가 올해 처음 개별프로젝트로 미술을 선택한 후, 미술에 대한 애정과 관심을 드러냈다. 인턴십 수업은 수찬이에게 '관심 없는', '귀찮은' 수업 중 하나일 뿐이었지만, 그래도 관심 있는 미술과 연결하니 움직이기 시작했다.

관련된 정보를 바탕으로 선택할 수 있도록 도움을 주었지만, 늘 엎드려 있거나 잠을 자기 일쑤였다. 간신히 몇 군데를 선택해 전화하는 방법부터 가르쳐 주었지만, 이것마저 자기 고집대로 진행하는 수찬이였다. 첫 만남부터 이상하게 마음이 쓰이는 이 녀석에게 늘 부드럽고 포용적인 태도로 감싸주던 나였지만, 곧 세상으로 나갈 수찬이의 무관심과 무성의한 태도에 발끈하여 인턴십 진행할 때만큼은 싫은 소리도 하며 수찬이를 압박했다.

그렇게 성사된 2주 간의 인턴십. 수찬이는 미술치료전문가인 멘토와 함께하며 멘토의 활동을 돕고 하시는 일을 참관하기로 했다. 사전미팅 때도 동행하여 장소를 파악하고, 선생님께 수찬이에 대한 정보를 알려드리며 인턴십 멘토로 나서주신 데 대해 감사함을 표현했다. 그리고 첫날, 수찬이가 혼자 버스를 타고 약속시간에 늦지 않게 출근을 잘했는지, 나 혼자 불안해하며 연락을 기다렸던 것이다.

2021년, 설레는 마음으로 은여울고등학교 학생들을 처음 만난 날, 한마디도 하지 않고 잠만 자던 녀석이 있었다. 수찬이였다. 입학 후 곧 해파랑길 탐사를 떠날 예정이라 담당 선생님도 학생들도 질의응답하며 필요한 것을 챙기고 있던 그때에도 수찬이는 잠을 자고 있었다.

그리고 떠난 9박 10일 간의 해파랑길에서 나는 수찬이와 내내 한 팀이 되어 함께했다. 워낙 말이 없는 학생이라고 여겨 어떻게 9박 10일을 함께해야 하나 걱정이 많았는데, 첫날부터 수찬이가 폭포처럼 말을 쏟아냈다. 대화라고 보기 힘든 일방적 전달이었지만, 수찬이의 말이 나는 너무 반가웠다. 내가 먼저 무슨 말을 해야 하나 고민할 필요도 없고, 그저 들어주기만 하면 되었기 때문이다.

수찬이가 쏟아내던 말의 주제는 인터넷 게임, 환타지 소설, 그리고 자신이 보는 유튜브 채널에 대한 것이었다. 그동안 한 번도 관심을 기울이지 않았던 새로운 정보가 수찬이의 입을 통해 나에게로 전송되었다. 그렇게 수찬이 관심사에 귀를 기울이다보니 중간 중간 수찬이의 이야기도 듣게 되었다. 은여울중학교가 치유형 대안학교라 학생들이 지닌 상처나 아픔이 크다고 알고 있기에 처음 은여울에 온 나로서는 학생들의 과거를 묻기가 쉬운 일이 아닌데, 자기 스스로 술술 이야기해주는 수찬이가 고마우면서도 신기했다. 과거의 아픔을 치유한 건지, 묻어둔 건지, 아니면 잊은 건지 그냥 듣기에도 구구절절한 자신의 가족사와 학교폭력 경험을 무던하게 이야기하는 수찬이를 보며 내 마음속에 씨앗 하나가 심어졌다.

은여울중학교를 다니며 3년 동안 말하지 않고, 쓰지 않고, 소통하지 않던 수찬이가 졸업을 앞둔 어느 날, 새로미에서 배우미로 성장하기 위해 처음으로 성장공동체 철학을 외웠고 전교생과 교직원이 박수를 치며 환호했다고 한다. 해파랑길에서 수찬이가 4~5줄의 일지를 썼을 때 수찬이를 알고 있던 선생님들은 박수를 치며 수찬이를 격려했다. 해파랑길을 걸으며 매일 매일 보았던 바다가 누군가에게는 질리게 느껴졌을 때, 수찬이는 평생 처음 본다는 바다를 매일 매일 일지 어딘가에 그려놓았다. 3년 간 수찬이 담임을 맡았던 김기형 선생님은 수찬이의 바다 그림을 보며 중학교 때와 달라진 수찬이의 그림체에서 수찬이의 변화가 느껴진다는 말씀을 하셨다. 학교로 돌아와 보여주신 수찬이의 중학교 시절 그림은 날카로운 선들의 연속이었고, 그것이 마치 무기처럼, 가시처럼 느껴질 뿐이었다. 반면 지금의 수찬이의 바다는 독특했지만 생동감이 있었고, 때로는 따뜻했다.

이후 수찬이는 성장과 퇴보를 반복하며 꾸준히 성장하고 있다. 작년 백두대간 때 전혀 준비되지 않은 상태로 산을 오르며 결국 탈진한 경험이 있던 수찬이가 이번에는 대비를 해야겠다며 도움을 청했고 매일 스쿼트를 하며 다리를 단련했다. 매주 목요일 개별프로젝트를 진행하며 그림에 몰입하는 수찬이를 보는 것은 중학교 때 수찬이를 아는 모든 선생님들에게는 큰 기쁨일 것이다. 그렇게 그려낸 수찬이의 그림에는 늘 감동이 느껴진다.

1학기 인턴십을 겨우겨우 끝낸 후 수찬이는 “아무것도 배운 게 없고, 아무것도 느낀 게 없다.” 고 이야기했다. 기운이 빠졌다. 그러나 2학기 인턴십을 준비하며 자신이 미술에 대해 애정이 있음을 인정하고 미술 분야의 인턴십을 하고 싶다는 의지를 명확히 밝혔다. 더 넓은 세상으로 나가길 바라는 욕심을 뒤로하고 우리 학교 웹툰 동아리 선생님께 인턴십 멘토를 부탁드렸고, 흔쾌히 응해 주셨다. 웹툰 선생님의 도움으로 주말마다 벽화그리기 활동을 하며 힘들지만 의미있는 시간을 보내고 있다.

지난 주 금요일 인턴십을 끝내고 돌아가는 수찬이가 ‘선생님, 이제 수업 끝나고 돌아가고 있어요. 정신적으로 매우 피곤해요…. 내일도 있는 인턴십 잘 다녀올게요.’ 라는 메시지를 보냈다. ‘주말에 인턴십 하느라 쉬지도 못하고……. 평일에 하루쯤 쉴 수 있도록 담임선생님과 상의해볼까?’ 라고 했더니, ‘괜찮아요, 저.’ 라고 대답한다.

남들과 다른, 그래서 특별한 수찬이에게…….

수찬이는 수찬이니까,

수찬이 속도대로, 수찬이만의 스타일대로 하면 되는 거야.

지금 잘하고 있고,

남은 인턴십도 잘할 수 있을 거야.

늘 응원한다.

대안학교 초보교사의 담임일기

지금껏 별 문제없이 잘 살아왔고,
이 정도면 꽤 괜찮은 교사라고 생각해 왔는데
이런 생각이 무너지게 된다.

1교시 아침모임이 끝나고 2교시를 준비하기 위해 컴퓨터 앞에 앉았다. 그때 들리는 소리 "진경쌤, 진경쌤, 진경쌤". 대답할 때까지 내 이름을 계속 부르는 이 학생은 은여울중학교 3년을 다닌 후 고등학교에 입학한 우리 반 지윤이. 나에게 쌓인 감정이 있는 지윤이가 자신의 감정을 최대한 절제한 목소리로 나를 부른다. 때로는 감정이 더 쌓인 서희와 더 큰 소리로 부르기도 한다. 상쾌한 하루의 시작이다.

수업이 끝날 때마다 3층 교무실에는 1학년 학생들이 삼삼오오 모여 교무실을 채운다. 시끄러운 목소리로 자신의 존재를 알리는 서희, 힘들고 딱히 갈 데가 없어 왔다가 선생님들 옆에 앉아있는 미희, 힘들어서 오거나 요즘 자신이 하는 프로젝트 얘기를 하러 온 상민이, 대화가 필요해 찾아오는 유경이, 하고 싶은 얘기가 있는데 선뜻 하지는 못하고 내 자리의 물건들만 만지작거리다 가는 혜정이, 꼭 불러서 물어봐야 얘기하는 준영이, 거울 보러 오는 성훈이, 애들이 교무실에 있어 애들 따라 왔다가 내 의자에서 자는 선영이.

나는 다양한 색깔을 지닌 1학년 학생들의 담임이다.

중등학교 교사가 되면 교직생활 대부분은 담임 생활을 하게 된다. 나 또한 전체 교직생활 중 2년을 제외하고는 늘 담임을 해왔다. 그러니 교사로서 담임을 한다는 것이 특별한 일은 아닌데, 2021년 말 은여울고등학교 1학년의 담임 제안이 들어왔을 때 평소와 다른 감정이 일어났다. 부담스러웠고, 자신이 없었다.

은여울중학교는 치유형 대안학교로써 여러 가지 이유로 일반 학교생활에 어려움을 겪는 학생들이 들어와 다양한 프로그램을 통해 자신의 상처를 인식하고 이를 치유하며 성장해 간다. 은여울고등학교는 은여울중학교를 졸업한 학생들의 다음 성장을 위해 만들어진 학교로써 치유보다는 자립과 성장에 중점을 두고 교육과정이 만들어졌다. 1기 입학생 대부분은 은여울중학교 출신으로 1년을 지나는 동안 많은 성장을 보여주었다. 하지만 외부로부터 치유가 필요한 전학생이 들어오고, 성장하고 있던 학생들도 성장과 퇴보를 반복하는 모습을 보며, 여전히 치유가 필요함을 인식하게 되었다. 2기 입학생 중 다수는 일반 중학교 출신으로, 내면의 상처가 깊어 일반계 고등학교로 진학이 어려운 학생들이었다. 당시 면접관으로 2기 입학생들 중 몇 명을 만났을 때의 느낌이 생생하다. 학생들이 자라온 환경, 과거의 트라우마, 현재 학생들의 상태를 글로, 학생들의 입으로 전해들으며 가슴이 먹먹해져 왔다. 아주 무거운 바위가 어깨를 짓누르는 것 같았고, 면접실에 떠도는 공기마저 무겁게 느껴졌다. 그리고 방학을 앞둔 며칠 후, 1학년의 담임을 맡아달라는 요청이 있었다.

은여울에 오며 개인 생활에도 많은 변화가 찾아왔다. 사랑하는 사람을 만났고, 그 사람의 아이를 내 아이처럼 생각하며 함께 키우게 되었다. 누군가와 함께 산다는 건, 때로는 내 것을 포기하고 상대방에게 맞춰가야 한다는 것을 배우게 되었고, 그렇게 찾아온 변화를 기쁘고 행복하게 받아들였다. 1학년 담임 제안이 들어왔을 때, 그래서 망설였다. 은여울에 입학하는 1학년 학생들에게는 그들에게 헌신하고 많은 사랑을 줄 수 있는, 많은 시간을 내어 학생들과 함께할 수 있는 사람이 필요하다고 생각했다. 나는 자신이 없었다. 그러나 나에게 들어온 역할을 누군가에게 미루는 것도 내키지 않았다. 교감선생님에게 내가 처한 상황과 담임으로서 겪을 어려움, 학생들에게 충분히 헌신할 수 없기에 갖는 미안한 마음과 죄책감 등을 말씀드렸다. 교감선생님께서는 은여울에서는 혼자서 할 수 있는 것이 없다. 그렇게 해서도 안 된다. 늘 함께 가는 것이고 함께 나누는 것이라 하며 망설이는 나를 격려해 주셨다.

그야말로 좌충우돌하는 한 학기를 보냈다.

공동체 생활이 처음이었던 일반학교 출신 학생들은 하루 종일 함께하는 학교생활을 힘들어했다. 1학기에는 퇴근을 해도 퇴근을 하지 못한 상태가 계속되었다. 집에 가고 싶다, 집에 보내달라는 전화를 수시로 받았고, 그때마다 학생과 실랑이를 벌였다. 9명밖에 안 되는 학급 내에서 학생들 간의 갈등도 자주 발생했다. 유독 아픔이 드러나던 학생을 자주 챙길 수밖에 없었는데, 자신의 아픔은 봐주지 않는다며 학생들이 서운해하고 발끈했다. 사람은 불공평한 상황에서 분노한다고 하는데, 우리 학생들도 사랑이 똑같이 오지 않는 상황에 분노하고 아파했다. 시간과 몸이 한정적인 상황에서 학생들이 느끼는 서운함에 미안한 마음이 컸지만, 한편으로는 자기중심적인 모습을 보이는 학생들에게 실망하기도 했다.

은여울 교사는 은여울에서 만들어진다는 말을 가끔 한다. 일반 학교에서 아무리 오랫동안 담임 생활을 했어도, 학생들과 다양한 활동을 하고 많은 경험을 쌓았어도, 은여울에 오면 갑자기 신규 교사가 된 것 같은 느낌이 든다. 내가 지금껏 해왔던 방식이 이곳에 잘 맞지 않는다는 느낌. 지금껏 별 문제없이 잘 살아왔고, 이 정도면 꽤 괜찮은 교사라고 생각해 왔는데 이런 생각이 무너지게 된다.

은여울 발령 첫해, 대화가 잘 되지 않고 요청이나 지도를 전혀 듣지 않는 학생을 만났다. 툭하면 반말에 수업에도 들어오지 않고, 수업 때에도 사람 사이에 지켜야 할 예의를 잘 지켜주지 않았다. 다른 선생님들에게는 잘하는데 나한테만 그런 것 같다는 피해의식도 생겼다. 한동안 내가 부족해서, 내가 이런 학생들을 지도하는 방법을 잘 모르고, 상담도 잘 못하기 때문에 학생이 그러는 거라고 생각하며 자책했다. 그러던 어느 날, '지금 기분이 안 좋은데, 그 녀석이 또 반말해서 그런 거 같아.' 라는 메시지를 실수로 전체 교직원 카톡방에 올리고 말았다. 기겁하며 곧 지웠지만 이미 몇몇 선생님들께서 보셨고, 민망해하는 나에게 다가와 "그 녀석이라면 나도 할 말 많다. 나는 개 때문에 울기도 했다. 원래 모든 사람한테 그러는 녀석이니 신경쓰지 말아라. 그래도 그 녀석 조금씩 성장하고 있다. 말은 저리 해도 마음은 따뜻한 녀석이다." 라는 말로 위로해 주셨다.

참 따뜻한 순간이었다. 그 이후로 어려운 일, 힘든 일이 있을 때 담아두지 않고 말할 수 있게 되었다. 보통 학생들로 인해 겪는 어려움이 대부분이라 내 마음의 공유가 학생들에 대한 공유로 이어졌고, 많은 선생님들의 조언으로 학생들을 더 잘 이해할 수 있게 되었다.

나만이 할 수 있지만 나 혼자서는 할 수 없다는 은여울의 생활철학이 그야말로 딱 들어맞는 순간들을 은여울에서 많이 경험한다. 입학하자마자 떠난 해파랑길 위에서, 5월의 백두대간 그 산자락에서, 그리고 학생들과 만나는 매 순간마다 선생님들과 학생들의 도움이 없었다면 담임인 나 혼자 할 수 없었을 것이고, 혼자 짊어지려 했다면 버티지 못했을 것이다.

1학년 1반의 담임은 나이지만, 내가 혼자 학생들을 성장시킬 수 없고, 내 에너지로 모든 학생들의 아픔을 품을 수 없다는 것을 알게 되었다. 그런 생각이 욕심이고, 욕심을 내려놓았을 때 더 편안한 마음으로 학생들을 대할 수 있었다.

하루에도 몇 번 파도처럼 일렁이는 감정에 휩싸이고, 다른 사람 때문에 상처받고, 스트레스 때문에 잠을 못 자고, 재미없는 수업을 빠지고, 그냥 늘 힘든 우리 학생들이다. 한 명 한 명 안 아픈 데가 없는 우리 1학년 1반 학생들이지만 자기 자리를 잘 찾아가고 있다. 가끔 불안이 올라오지만, 불안의 근원이 내 안에 있음을 알아차리는 순간, 학생들이 성장하고 있는 모습이 보인다.

자신과 잘 맞는 선생님, 자신의 이야기를 잘 들어주는 선생님들을 찾는 능력이 뛰어난 우리 학생들은 담임인 내가 없거나 바쁘면 필요한 사람을 잘 찾아간다. 내가 모든 것을 해주고 싶다는 욕심, 학생들이 날 더 찾아오면 좋겠다는 욕심이 든 적도 있지만, 시간이 지나며 다른 선생님들 찾아가는 학생들과 그 학생들을 받아주는 선생님들께 진심으로 감사하게 되었다.

퇴근 길, 서희와 지윤이가 윤정쌤 옆에서 종알대고 있고, 성훈이는 책을 들고 어디로 간다. 유경이와 혜정이가 퇴근하는 나를 보며 '야근해요 진경쌤, 가지 마요 진경쌤.' 한다. 성연이는 흔들의자에 앉아 있다. 상민이는 힐링카페에서 후배들과 있고, 한울관에서는 준영이가 운동하고 있다.

잔뜩 흐린 날씨 속 구름 한편으로 무지개빛처럼 보이는 햇살이 내려온다.

학생들이 말하는 은여울과 선생님

* 우리의 병을 고치는 약이며 개성이 넘치는 곳.
* 태어나서 처음으로 세상에 대한 따뜻함을 배운 곳.
* 떠나기 아쉬운 밉고 미운 집.
* 은여울중학교는 여름 같아요. 변덕스러운… 언제 터질지 모르는….
* 난장판… 애들 특성이 강해요. 애들이 그걸 표출할 수 있고 또 그걸 받아주는 선생님이 있다는 게 그런 난장판이 좋았어요.
* 학교 밖 문제아가 아닌 학교 안 학생으로 남을 수 있는 곳.
* 따뜻하고 때론 몰아쳤지만 언제나 생각나고 그리운 존재이고 사랑한다.

* 은여울은 믿고 기다려주는 학교, 자발적 성장을 일으켜 주는 학교.
* 아낌없이 주는 나무, 자신을 희생해서 학생을 돌봐주심.
* 가벼운 이야기부터 힘든 일이 있을 때에도 말 하나하나에 귀 기울여주고 조언해 준다.
* 선생님들이 어떻게든 학생들을 맞춰주려고 하니까 저희도 존중을 받으니까 존중하려는 마음이 무의식적으로 들더라구요.
* 선생님들께서 반복적으로 말씀해주시는 것 중 자의든 타의든 은여울에서 어떻게든 성장하게 된다는 걸 알려주시고 자주 얘기해 주시는데 성장 안하고 있는 것 같지만 3학년이 되니까 무슨 뜻인지 알겠고 관심을 가져주어 너무 좋은 것 같아요.
* 다른 사람이 성장하는데 왜 제가 기뻐하는지 모르겠어요.
* 은여울은 믿어주고 기다려주고 성장할 수 있게 하는 학교, 자발적 성장을 일으켜 주는 학교.
* 우리는 너를 믿으니까 힘내라고 이야기해주셔서 좋았죠! 가족이죠. 가족이란 말을 들으면 행복해요.
* 여기 오지 않았다면 내가 이렇게 감정 표현을 할 수 있을까? 라고 생각해요.
* 제가 아빠를 보는 마음이 달라진 거라기보다는 아빠가 저를 대하는 것이 조금 바뀌고 달라졌다는 생각이 들어요.

* 여기 오니까 샘들이 애초에 다르더라구요. 잘못한 건 확실히 다 말해주는데도 기분이 안 나빠요. 혼난 것 같은 기분이 들어야 하는데 진짜 말 그대로 도움말을 들은 기분이에요.
* 은여울이란 다른 삶, 새로운 삶이 하나 더 생기는 느낌… 내가 다시 태어난 기분이에요. 믿기지가 않아요. 제가 여기 있다는 게.
* 진짜 영화 한편 살았구나 싶죠. 막 옥상 올라간 적도 있고… 저보다 힘든 환경에서 살아 온 사람들도 많겠지만 저의 입장으로, 지금은 제가 살아있다는 걸 되게 감사하고 있어요.
* 다양한 일들이 생길 때마다 선생님들이 스스로 생각할 수 있도록 기다려주시고 괜찮다고 다독여주셔서 포기하지 않고 학교에 다닐 수 있었어요.
* 은여울은 상처를 치유해 주는 학교.

우리는 너를 믿으니까 힘내라고
이야기해주셔서 좋았죠! 가족이죠.
가족이란 말을 들으면 행복해요.

밉고 미운 집, 은여울

2022년 12월 10일 초판 1쇄 발행

지은이 김현아 김기형 김진경
펴낸이 윤영진
편집 함순레
펴낸곳 도서출판 심지
등록 제 2003-000014호
주소 34570 대전광역시 동구 대전천북로 12
전화 042 635 9942
팩스 042 635 9941
전자우편 simji42@daum.net

ISBN 978-89-6627-233-4 03810
* 저자와의 협의에 의해 인지를 생략합니다.
* 이 책은 충청북도교육도서관의 교사 책 출판 지원 프로그램 지원금을 받아 제작되었습니다.